이것만은
알고 키우자

관상어와 수초

이것만은 알고 키우자 관상어와 수초

초판 1쇄 발행 2023년 9월 1일

지은이 미즈타니 히사요시 · 모리오카 아쓰시
옮긴이 박세창 · 김상화 외

펴낸곳 서울대학교출판문화원
주소 08826 서울 관악구 관악로 1
도서주문 02-889-4424, 02-880-7995
홈페이지 www.snupress.com
페이스북 @snupress1947
인스타그램 @snupress
이메일 snubook@snu.ac.kr
출판등록 제15-3호

ISBN 978-89-521-2991-8 13520

이것만은
알고 키우자

관상어와 수초

미즈타니 히사요시·모리오카 아쓰시 지음
박세창·김상화 외 옮김

서울대학교출판문화원

옮긴이의 말

사회적 거리두기를 모두가 경험한 포스트 코로나 시대, 물생활은 현 사회상과 잘 맞는 취미생활입니다. 관상어는 산책시켜 줄 필요도 없고 털 날림도 없어서 실내 사육에 안성맞춤이지요. 반려동물 시장이 매년 확대됨에 따라 반려동물 가운데 관상어가 차지하는 비율도 자연스레 증가하고 있습니다.

관상어와 수초를 안정적으로 기르기 위한 전제조건은 '알맞은 환경을 잘 설정해 주는 것'입니다. 사람과 달리 관상어는 물속에서 먹고 숨 쉬며 생활하는 생물이다 보니, 올바르게 이해하고 시작하지 않으면 취미생활이 도리어 스트레스가 될 수도 있습니다.

이 책이 일본에서 출간된 지는 오래되었으나, 관상어 및 수초에 관한 기초적인 지식을 상세히 다루어 초보자들에게는 여전히 도움이 될 입문 필독서입니다. 따라서 관상어 사육에 새롭게 도전하는 많은 분들께 조금이나마 도움이 되기를 바라는 마음으로 서울대학교 수의학과 대학원 수생생물의학연구실 구성원이 힘을 모아 번역했습니다.

포스트 코로나 시대에, 더 많은 이가 관상어와 수초를 키우며 즐거움을 느낄 수 있다면 좋겠습니다.

2023년 어느 봄날

박세창, 김상화

차례

학명 표기

본서는 2003년 발간된 일본 서적을 번역한 것으로, 그사이에 학명이 바뀐 것들이 많습니다. 따라서 본서는 현시점(2023년 5월) 분류학 연구 결과를 바탕으로 원서의 학명 표기와 병행하여 또는 더 빈번히 사용되는 학명을 소개했고, 그 경우 원서에 제시된 학명은 '주'로 표기했습니다.

한글 일반명 표기

- 명확한 한글 일반명이 있는 경우 이를 그대로 기재했습니다(예: 네눈박이 송사리).
- 관용적으로 쓰이고 있는 일반명이 다른 어종과의 혼동을 야기할 수 있는 경우에는 영문 일반명을 외래어 표기 규칙에 따라 기재했습니다. 관용적으로 쓰이고 있는 일반명은 해당 종 설명란에 서술했습니다.
- 국립국어원 외래어 표기 규칙에 따라 학명 및 관용명을 기재했으나, 이미 관용명이 굳어진 종들의 경우 이를 그대로 따랐습니다(예: 해체트, 시클리드, 루드위지아).
- 영문 일반명조차 없는 종의 경우에는 학명을 그대로 기재했습니다. 특히 수초는 이런 경우가 많아서, 모든 종에 학명을 한글로 병기했습니다.

수조 용품

원서에는 일본 제품들이 소개되어 있으나, 본서에서는 가능한 한 한국 제품들로 대체해 소개했습니다.

제1장

수조 레이아웃 스타일 Top 10

01 자연스러운 스타일

헤어그라스와 로탈라 그린을 수조의 양쪽 끝에 낮게 배치해 중앙이 돋보이게 꾸며 보자. 물고기가 여유롭게 유영할 수 있는 공간을 마련하기 위해 90센티미터 크기의 수조를 선택하자.

● 레이아웃

수조 정보

수조 크기: 900×450×450mm
수온: 26.5℃
pH: 6.2
바닥재: 소일
조명: 32W×6구
여과기: 외부 여과기

어종

옐로 팬텀 테트라, 레드 팬텀 테트라, 블랙 팬텀 테트라, 아프리칸 램프아이, 크리스탈 레드 슈림프, 오토싱클루스, 야마토 새우

수초

A. 헤어그라스(*Eleocharis acicularis*)
B. 크립토코리네 발란사이(*Cryptocoryne crispatula* var. *balansae*)
C. 오발 루드위지아(*Ludwigia ovalis*)
D. 물꼬리풀(*Pogostemon stellatus*)
E. 로탈라 그린(*Rotala rotundifolia* var. *green*)
F. 윌로 모스(*Fontinalis antipyretica*)
G. 크립토코리네 운둘라타 그린(*Cryptocoryne undulata* var. *green*)
H. 웬트 워터 트럼펫(*Cryptocoryne wendtii* var. *green*)

오발 루드위지아의 붉은빛이 시선을 사로잡는다.

머리카락처럼 길고 가느다란 헤어그라스의 특징을 활용하면 수조에 풍성한 느낌을 줄 수 있다.

레드 팬텀 테트라는 색깔이 화려하고 예뻐 수초 사이에서도 존재감을 드러낸다.

아프리칸 램프아이는 수수해 보여도 그 빛나는 청색 눈이 수조의 전체적인 분위기를 더욱 아름답게 만들어 준다. 여러 마리를 넣어 주면 반짝이는 효과가 더욱 돋보인다.

02 고즈넉한 스타일

여러 개의 정원석을 바닥에 배치하고 수초 높이를 낮게 만들어 마치 고즈넉한 산속을 거니는 듯 온화하고 정적인 느낌을 준다. 앞쪽에 글로소스티그마를 배치하면 쾌적한 공간을 만들 수 있다. 90센티미터 크기의 수조를 이용해 꾸며 보자.

● 레이아웃

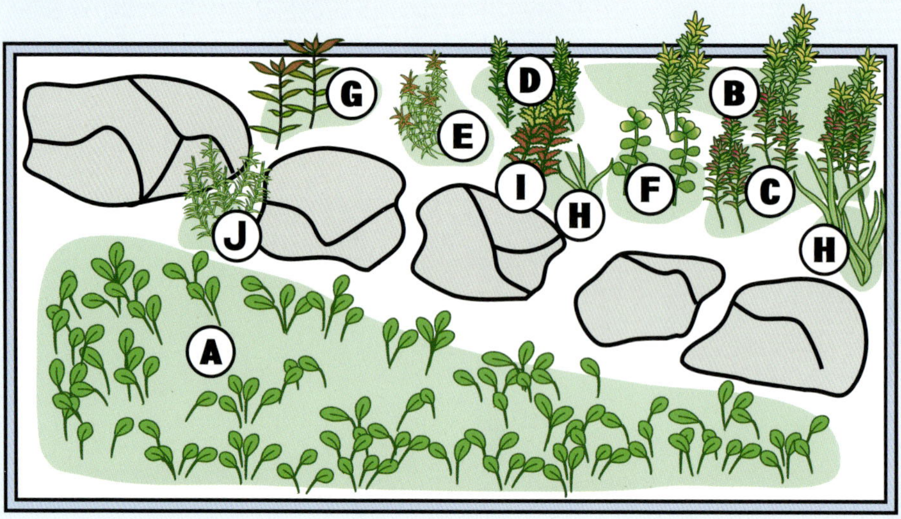

수조 정보

수조 크기: 900×450×450mm
수온: 26℃
pH: 6.8~6.9
바닥재: 소일
조명: 메탈할라이드 150W,
형광등 20W×2구
여과기: 외부 여과기

어종

카디날 테트라

돌

판매용 정원석

수초

A. 글로소스티그마(*Glossostigma elatinoides*)
B. 로탈라 그린(*Rotala rotundifolia* var. *green*)
C. 로탈라 인디카(*Rotala indica*)
D. 로탈라 마크란드라 그린(*Rotala macrandra* var. *green*)
E. 니들리프 루드위지아(*Ludwigia arcuata*)
F. 라지 펄 그라스(*Micranthemum umbrosum*)
G. 폴리고눔(*Polygonum* spp.)
H. 블릭사 야포니카(*Blyxa japonica*)
I. 네사이아(*Nesaea* spp.)
J. 마야카 플루비아틸리스(*Mayaca fluviatilis*)

어린 소나무 낙엽 모양의 마야카 플루비아틸리스는 수조 전체에 온화한 분위기를 만들어 준다.

글로소스티그마를 앞쪽에 배치해 전경을 아름답게 꾸며 보자.

섬세하게 다듬어진 니들리프 루드위지아는 곧게 자라기 때문에 잘 다듬어진 정원 같은 분위기를 연출한다.

카디날 테트라처럼 작은 열대어는 여러 마리를 함께 키울 때 그 아름다움이 배가된다. 150마리 정도 넣어 주면 무리 지어 헤엄치는 모습이 무척 아름다워 넋을 잃고 감상하게 된다.

03

유럽식 화단처럼 화사한 스타일

활짝 핀 윌로 모스 사이로 보이는 용암석이 포인트다. 앞쪽에는 피그미 체인 소드와 워터코인을 두고 배경에는 키가 큰 로탈라 마크란드라 그린을 배치해 높낮이를 조절하면 입체적인 느낌을 주어 수조의 분위기가 한층 살아난다. 60센티미터 크기의 수조에 나만의 유럽식 화단을 꾸며 보자.

● 레이아웃

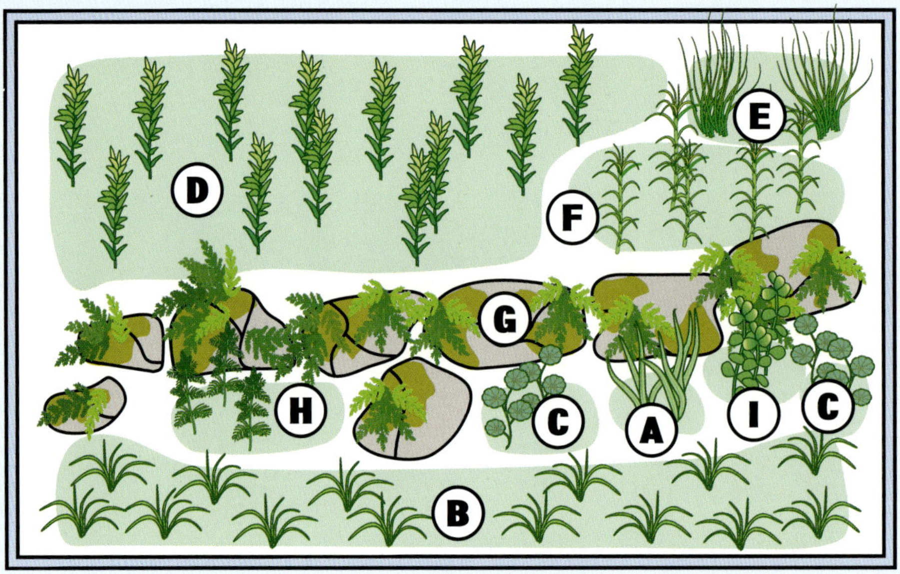

수조 정보

수조 크기: 600×300×360mm
수온: 26℃
pH: 6.8~7.0
바닥재: 소일
조명: 36W×2구
여과기: 외부 여과기

어종

프리스텔라

돌

장식용 용암석

수초

A. 블릭사 쇼트리프(*Blyxa novoguineensis*)
B. 피그미 체인 소드(*Helanthium tenellum*)
C. 워터 코인(*Hydrocotyle verticillata*)
D. 로탈라 마크란드라 그린(*Rotala macrandra* var. *green*)
E. 시페루스(*Cyperus* spp.)
F. 에이크호르니아 디베르시폴리아(*Eichhornia diversifolia*)
G. 윌로 모스(*Fontinalis antipyretica*)
H. 마토그로소 밀포일(*Myriophyllum mattogrossense* var. *green*)
I. 라지 펄 그라스(*Micranthemum umbrosum*)

열대어보다는 수초가 중심이 되는 레이아웃이다. 이렇게 수초 조성에 비용이 많이 들 때는 상대적으로 가격이 저렴한 열대어인 프리스텔라를 선택해 보자.

블릭사 종류 중에서도 쇼트리프(Shortleaf)는 전경에 활용하기 좋은 수초다. 그러나 잎이 다치기 쉬우니 주의해야 한다.

버섯 모양의 워터 코인은 물속에 핀 꽃처럼 보여 화려한 분위기를 조성한다.

시페루스는 사초과(*Cyperaceae*)에 속하는 수초로서 어린 벼의 잎과 같은 모양새를 가진다. 길게 자라는 종류가 많아 대형 수조에서 키우는 것이 좋다.

04

여백의 아름다움이 돋보이는 스타일

큼직한 용암석을 사용해 물긴가지이끼의 특징을 살려 주는 레이아웃이다. 단순해 보이지만 그만큼 물고기의 역동적인 유영을 감상할 수 있기 때문에 활력 넘치는 분위기를 연출한다. 60센티미터 크기의 수조로 완성해 보자.

● 레이아웃

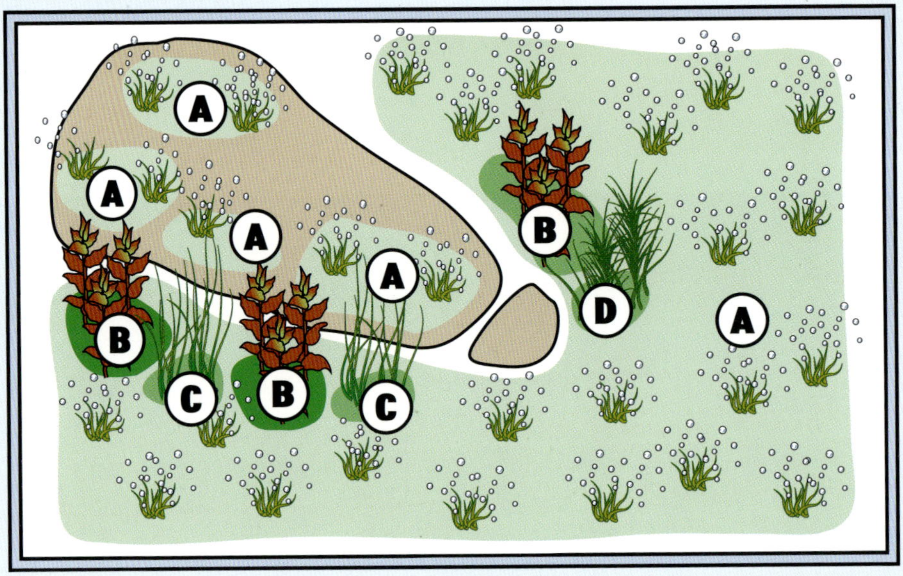

수조 정보

수조 크기: 600×300×360mm
수온: 26.6℃
pH: 6.4
바닥재: 소일
조명: 20W×4구
여과기: 외부 여과기

어종

카디날 테트라, 라스보라,
레드 팬텀 테트라

돌

장식용 용암석

수초

A. 물긴가지이끼(*Riccia fluitans*)
B. 자이언트 레드 로탈라(*Rotala macrandra*)
C. 헤어그라스(*Eleocharis acicularis*)
D. 블릭사(*Blyxa* spp.)

자칫하면 단조로워 보일 수 있는 레이아웃에 자이언트 레드 로탈라를 추가하면 그 붉은빛이 화려한 분위기를 연출한다.

물긴가지이끼는 수면에 떠서 자라는 특징이 있다. 사진처럼 부피감 있게 키워 바위와 바닥에 활착시키려면 상당한 노력과 애정을 쏟아야 한다.

가는 잎이 특징인 블릭사 종류는 수조에서 눈에 띄는 감상 포인트가 된다.

정적이고 단순한 레이아웃에서는 카디날 테트라의 매력이 한층 돋보인다.

자이언트 레드 로탈라와 같은 계열의 색을 띠는 레드 팬텀 테트라를 넣어 주어 수조의 아름다움을 더해 보자. 레드 팬텀 테트라는 카디날 테트라와 합사하기 쉬운 종이다.

05

숲속 오솔길을 거니는 듯한 스타일

수조 중앙에 나만의 작은 오솔길을 만들어 보자. 밝은 초록색 계열의 수초를 양쪽 끝에 배치해 넓은 U자 모양을 이루도록 하면 푸르른 숲속의 오솔길을 바라보는 듯한 느낌을 준다. 이러한 레이아웃에서는 붉은색 계열 열대어가 더욱 돋보인다. 60센티미터 크기의 수조를 준비해 꾸며 보자.

● 레이아웃

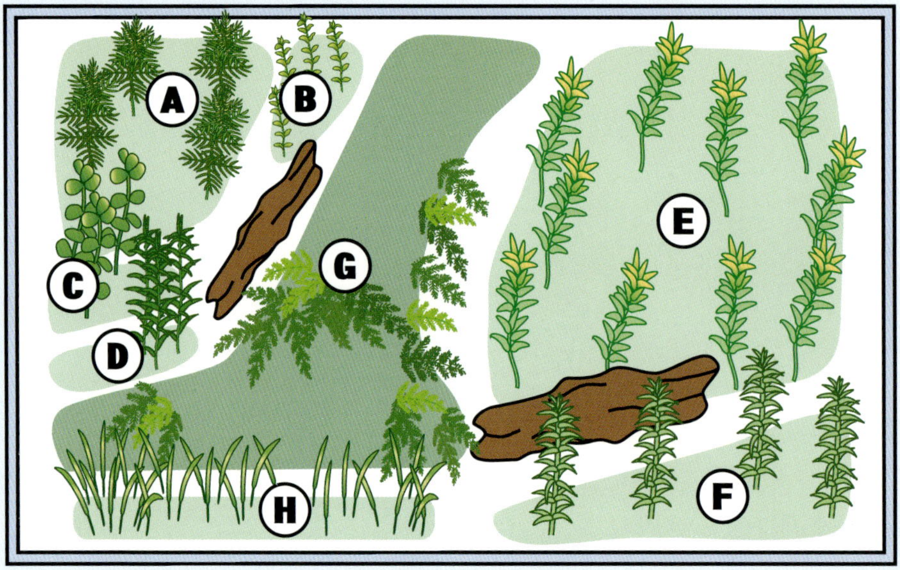

수조 정보

수조 크기: 600×300×360mm
수온: 26.5℃
pH: 6.2
바닥재: 샌드
조명: 20W×4구
여과기: 외부 여과기

어종

오토싱클루스, 레드 팬텀 테트라, 카디날 테트라, 야마토 새우

유목

장식용 유목

수초

A. 호토니아(*Hottonia* spp.)
B. 뉴 라지 펄 그라스(*Micranthemum umbrosum* var. *Monte Carlo*)
C. 라지 펄 그라스(*Micranthemum umbrosum*)
D. 아라과이아 가는마디꽃(*Rotala mexicana* var. *araguaia*)
E. 로탈라 그린(*Rotala rotundifolia* var. *green*)
F. 니들리프 루드위지아(*Ludwigia arcuata*)
G. 윌로 모스(*Fontinalis antipyretica*)
H. 코브라 그라스(*Lilaeopsis novae-zelandiae*)

잎 끝부분이 코브라처럼 구부러진 코브라 그라스는 전경 수초로 자주 이용된다.

수초가 많으면 이끼가 쉽게 생긴다. 아름다운 수조를 유지하기 위해서는 이끼가 끼지 않도록 관리하는 것이 매우 중요하다. 야마토 새우를 넣어 주면 이끼 발생을 조절하는 데 도움이 된다.

무리 지어 다니는 붉은빛의 레드 팬텀 테트라는 환상적인 느낌을 주어 레이아웃을 한층 돋보이게 한다.

호토니아는 줄기가 잘 자란다는 특징이 있다. 이를 활용해 수조 중앙의 오솔길을 감싸듯이 아치를 만들어 주자.

줄기에서 섬세한 작은 잎이 고르게 뻗어 나오는 니들 리프 루드위지아는 화사한 느낌을 줄 뿐만 아니라 레드 팬텀 테트라와도 잘 어울린다.

06 수중 정원 스타일

수조 앞쪽에 글로소스티그마를 배치하면 초록빛 카펫을 깐 듯한 인상을 준다. 수조의 바닥 부분 전체를 수초로 구성하면 유목 그 자체의 입체감과 화려함을 부각할 수 있다. 60센티미터 크기의 수조를 활용해 디자인해 보자.

● 레이아웃

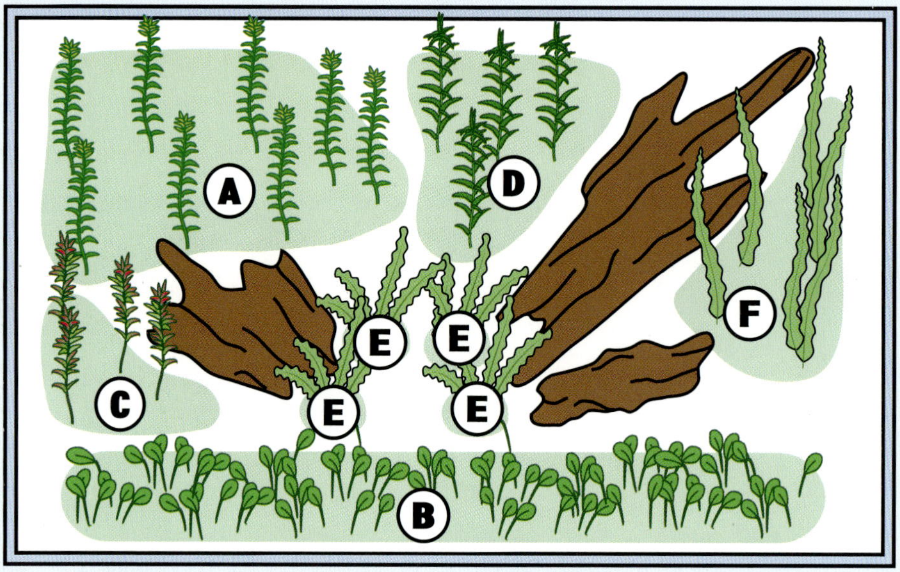

수조 정보

수조 크기: 600×300×360mm
수온: 27℃
pH: 6.4
바닥재: 소일
조명: 20W×4구
여과기: 외부 여과기

어종

네온 드워프 레인보피시

유목

장식용 유목

수초

A. 펄 그라스(*Hemianthus micranthemoides*)
B. 글로소스티그마(*Glossostigma elatinoides*)
C. 로탈라 마크란드라 내로리프(*Rotala macrandra* var. *narrow leaf*)
D. 아라과이아 가는마디꽃(*Rotala mexicana* var. *araguaia*)
E. 크립토코리네 운둘라타 그린(*Cryptocoryne undulata* var. *green*)
F. 내로리프 자바 펀(*Microsorum pteropus* var. *narrow leaf*)

네온 드워프 레인보피시는 반짝이는 비늘과 꼬리의 붉은색이 돋보인다.

글로소스티그마를 앞쪽에 넓게 배치하면 정원 같은 느낌을 더해 준다.

크립토코리네 운둘라타 그린은 기르기 쉽고 유목에 활착시키기도 쉬운 편이다.

부드러운 잎과 줄기가 특징인 아라과이아 가는마디꽃은 배경을 돋보이게 한다.

펄 그라스는 작은 잎들이 조밀하게 모여 있어 수조에 풍성함과 깊이감을 더해 준다.

07 소박한 아름다움이 있는 하천 스타일

선명한 푸른빛을 띠는 물고사리와 밝은색 돌이 구피를 돋보이게 한다. 수조의 왼쪽 후방에서 오른쪽 전방으로 경사를 형성해 입체감을 주는 레이아웃을 조성해 보자. 돌을 배치하면 모양이 쉽게 변하는 모래 바닥재를 고정해 주는 효과도 얻을 수 있다.

● **레이아웃**

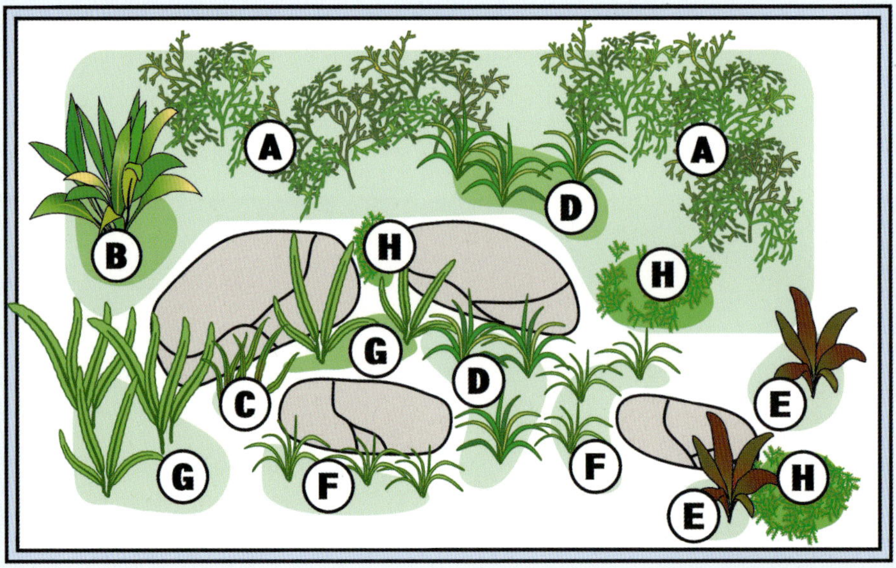

수조 정보

수조 크기: 600×300×360mm
수온: 26℃
pH: 6.5~7.0
바닥재: 샌드
조명: 20W×2구
여과기: 저면 여과기+상부 여과기

어종

모자이크 구피

돌

장식용 하천석

수초

A. 물고사리(*Ceratopteris thalictroides*)
B. 아마존 소드 플랜트(*Echinodorus amazonicus*)
C. 크립토코리네 펫치(*Cryptocoryne beckettii* var. *petchii*)
D. 크립토코리네 루켄스(*Cryptocoryne lucens*)
E. 크립토코리네 운둘라타 레드(*Cryptocoryne undulata* var. *red*)
F. 피그미 체인 소드(*Helanthium tenellum*)
G. 템플 플랜트(*Hygrophila corymbosa*)
H. 윌로 모스(*Fontinalis antipyretica*)

아름다운 모자이크 무늬를 가진 모자이크 구피는 밝은 느낌의 레이아웃에서 한층 더 돋보인다.

잎이 얇은 크립토코리네 루켄스는 쑥쑥 자라 기르기 쉬운 편이다.

물고사리는 기르기 쉬워 초보자에게 인기가 많다. 배경에 배치하면 전체적으로 밝은 느낌을 준다.

아마존 소드 플랜트는 대표적인 로제트형 수초로, 충분히 성장하면 수조에 입체감을 더해 준다.

가늘고 잎이 짧은 피그미 체인 소드는 환경에 안정적으로 자리 잡은 뒤에는 관리하기 쉽다.

08 열대어를 돋보이게 하는 스타일

45센티미터 크기의 작은 수조를 꾸밀 때는 공간을 어떻게 활용하는지가 관건이다. 수초를 많이 사용하기보다 적은 양을 대칭으로 배치하면 수조가 더 넓어 보인다. 무리 지어 헤엄치는 작은 열대어를 기르면서 작지만 알찬 물생활을 즐겨 보자.

● 레이아웃

수조 정보

수조 크기: 450×300×360mm
수온: 28℃
pH: 6.8
바닥재: 흑사
조명: 15W×2구
여과기: 스펀지 여과기

어종

카디날 테트라, 골든 에인절피시

유목

장식용 유목

수초

A. 라지리프 히그로필라(*Hygrophila corymbosa* var. *stricta*)
B. 리키아(*Riccia* spp.)

골든 에인절피시는 대표적인 열대어로, 이들이 위아래로 뻗은 지느러미로 유유히 수영하는 모습을 감상하면 저절로 기분이 좋아진다.

열대어 중에서 가장 인기가 많고 키우기도 쉬운 카디날 테트라는 빨간색과 파란색이 선명하게 대비되어 강렬한 인상을 준다.

크고 쭉 뻗은 잎이 특징인 라지리프 히그로필라는 중심 수초로 존재감을 드러낸다.

리키아는 수조 바닥에 배치할 때 특히 더 아름답다. 45센티미터 이하의 소형 수조라면 앞쪽에 리키아를 많이 배치해 보자.

09 이국적인 스타일

유목과 수초 뿌리를 활용해 30센티미터 크기의 작은 수조를 다채롭게 꾸며 보자. 난이도가 약간 높은 편이지만 충분히 도전할 만한 가치가 있다. 크립토코리네 종류의 수초만 사용해도 잎의 형태나 색이 다양해 경쾌한 느낌을 줄 수 있다. 레드 플래티의 붉은빛이 포인트가 된다.

● 레이아웃

수조 정보

수조 크기: 300×300×300mm
수온: 27℃
pH: 7.2
바닥재: 샌드
조명: 13W×1구
여과기: 외부 여과기

어종

레드 플래티, 미키마우스 플래티

돌

장식용 소형 수석

수초

A. 크립토코리네 레그로이(*Cryptocoryne walkeri* var. *legroi*)
B. 크립토코리네 루켄스(*Cryptocoryne lucens*)
C. 웬트 워터 트럼펫(*Cryptocoryne wendtii* var. *green*)
D. 크립토코리네 레트로스피랄리스(*Cryptocoryne retrospiralis*)

진한 붉은색이 매력적인 레드 플래티는 초보자도 기르기 쉬운 인기 있는 열대어다. 30센티미터 수조에서는 적은 수로도 존재감을 드러낸다.

같은 플래티 종류인 미키마우스 플래티를 합사하면 작은 수조에서도 큰 활기를 느낄 수 있다.

크립토코리네 레그로이는 붉은빛의 큰 잎이 인상적인데, 작은 수석을 두면 수초가 더욱 돋보인다.

웬트 워터 트럼펫은 선명한 초록빛이 특히 아름답다.

10 군더더기 없는 깔끔한 스타일

좁은 수조는 잎이 가는 수초를 잘 활용하면 더 넓어 보인다. 네온 테트라처럼 작은 열대어와 포타모게톤 종류의 수초는 작은 공간에서도 조화롭게 어울린다.

● 레이아웃

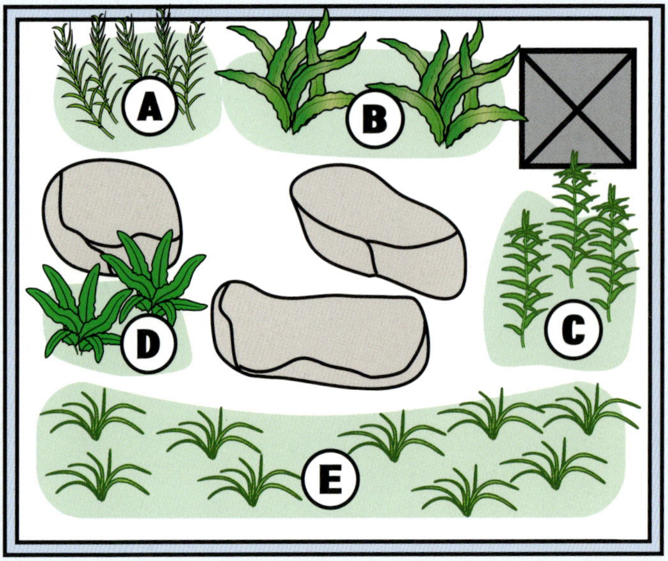

수조 정보

수조 크기: 300×190×240mm
수온: 27℃
pH: 6.2
바닥재: 샌드
조명: 27W×1구
여과기: 저면 여과기

어종

야마토 새우, 그린 네온 테트라

돌

장식용 돌

수초

A. 포타모게톤 가이(*Potamogeton gayi*)
B. 트로피카 워터 트럼펫(*Cryptocoryne wendtii* var. *tropica*)
C. 아라과이아 가는마디꽃(*Rotala mexicana* var. *araguaia*)
D. 크립토코리네 웬드티 미오야(*Cryptocoryne wendtii* var. *mi oya*)
E. 피그미 체인 소드(*Helanthium tenellum*)

잎이 가늘고 긴 포타모게톤 가이는 수중에서 흔들리는 모습이 아름답다.

기르기 쉬운 수초 중 하나인 크립토코리네 웬드티는 적은 수만으로도 수조 전체 분위기를 바꿀 수 있다.

작은 수조일수록 구석구석 관찰하고 감상하게 된다는 장점이 있다. 야마토 새우의 작은 움직임을 지켜보는 것은 물생활의 또 다른 즐거움이 된다.

그린 네온 테트라는 일반 네온 테트라에 비해 붉은빛이 적고 파란색 선이 더 선명하다.

연두색을 띠는 아라과이아 가는마디꽃은 잎이 작아 크기가 작은 수조에도 잘 어울린다.

수조를 이용한 인테리어에서 주의할 점

**수조를 꾸미다 보면 작은 공간에
나만의 작은 세상을 완성하는 즐거움을 느끼게 된다.
그뿐만 아니라 잘 꾸민 수조는 집안 인테리어의 포인트가 되기도 한다.
수조를 이용한 인테리어 방법을 알아보자.**

수조를 설치할 장소 찾기

수조를 어디에 설치하면 좋을까? 수조는 보고 즐기려는 감상의 목적이 가장 크기 때문에 몇 가지 원칙만 지킨다면 본인이 보았을 때 '여기면 좋겠다!' 하는 장소에 설치하는 것이 가장 적합하다. 예를 들어 균형이 맞지 않는 불안정한 장소나 직사광선이 강한 곳은 피해야 한다. 수조를 꾸미는 데에는 많은 정성이 들어가기 때문에 가장 아름답고 보기 좋은 곳에 두고 싶다는 생각이 드는 것은 당연하다. 하지만 오랫동안 고민하기보다는 자신이 원하는 적당한 장소에 설치한 뒤 알맞은 환경을 조성해 주는 편이 장기적인 관점에서 보았을 때 더 좋다.

수조를 설치할 때 참고할 사항들

우선 수조 크기를 고려해야 한다. 90센티미터가 넘는 대형 수조는 물을 채우면 무게가 200킬로그램에 육박하므로 수조 전용 선반을 설치하는 것이 안전하다.

또 물을 쉽게 갈아 줄 수 있는 환경이 좋다. 수도나 화장실에서 먼 장소에 수조를 설치하면 몇 번씩 왔다 갔다 하느라 시간도 오래 걸리고 금방 지친다. 따라서 수조는 수도에서 가까운 장소에 설치하는 것을 추천한다.

60센티미터나 45센티미터 크기의 수조라면, 수도에서 약간 먼 장소에 설치해도 나쁘지 않다. 30센티미터 이하의 소형 수조는 어디에 두더라도 부담 없이 관리할 수 있다.

수조를 현관이나 거실, 창문 근처에 설치하는 것을 선호하는 사람이 많지만, 수초만을 활용한 작은 수조라면 화장실에 두어 산뜻한 분위기를 연출할 수도 있다.

수조 설치 포인트

현관

수조를 설치하기에 최적의 환경이다. 가족들을 맞아 주는 것은 물론, 손님이 방문할 때도 상쾌한 느낌으로 분위기를 환기할 수 있다.

창문 옆

장소만 확보된다면 창문 근처에 수조를 배치해도 좋다. 다만 직사광선에 장시간 노출되면 수온이 급격하게 올라갈 수 있으므로 햇빛이 강렬하고 일조량이 긴 여름에는 커튼 등을 이용해 관리하자.

화장실

화장실에 수조라니 의외라는 생각이 들 수도 있지만 분위기를 정돈해 주는 효과가 있다. 화장실에는 수초만으로 구성된 수조를 배치하는 것이 무난하다.

서재

살아 있는 물고기와 수초가 있는 수조에서는 언제나 극적인 변화가 일어난다. 서재나 침실에 수조를 배치하면 수초의 생장과 물고기의 움직임을 차분하게 감상할 수 있다.

수조 설치 시 확인 사항

- ☑ 평평한 장소인가?
- ☑ 직사광선이 닿지 않는 곳인가?
- ☑ 흔들림이나 진동이 없는가?
- ☑ 수도와 가까운가?

거실

작은 크기의 수조라면 전용 선반 없이 거실장 등에 설치할 수 있다. 거실에 수조를 놓으면 화려하고 상쾌한 분위기를 연출할 수 있지만, 거실은 가족 모두가 이용하는 장소인 만큼 정리 정돈에 신경 써야 한다. 특히 수조 주위에 물건을 늘어놓지 않도록 주의하자.

제2장

세계의 열대어와 수초 266종

수조에서 키우기 좋기로 소문난 종부터 최근 수입되기 시작한 새로운 어종까지, 열대어 230종과 수초 36종을 소개한다. 꼼꼼히 읽으면서 키우고 싶은 열대어와 수초를 선택해 보자.

세계 지도로 보는 지역별 인기 열대어

열대어의 원산지는 굉장히 다양하다. 동남아시아의 열대어와 아프리카의 열대어는 서로 확연히 다르며 각기 다른 매력을 지니고 있다. 열대어의 원산지를 알아보는 것은 매우 흥미로울 뿐만 아니라 이들을 키우는 데 큰 도움이 된다. 보통 각 열대어에게 적합한 수온과 수질 등은 모두 해당 종의 원산지 환경과 비슷하기 때문이다. 자신이 키우는 열대어가 아마존이나 나일강 같은 원래 서식지에서 유유히 헤엄치는 모습을 상상해 보자. 물생활에 새로운 즐거움을 더해 줄 것이다.

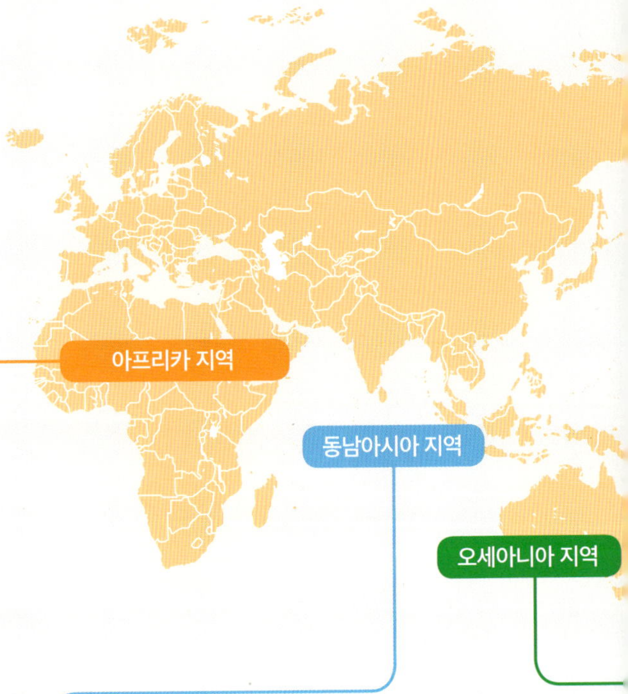

업사이드다운 캣피시

라초비 킬리피시

샴 타이거피시

클라운 로치

베타

할리퀸 라스보라

앨리게이터 가아

텍사스 시클리드

에인절피시

디스커스

네온 테트라

레드테일 캣피시

네온 드워프 레인보우피시

과배금룡

스포티드 블루아이

자르디니 아로와나

송사리 Killifish

송사리 종류의 열대어는 번식 형태에 따라 난태생과 난생으로 나눌 수 있다. 구피나 플래티 등은 구하기 쉽고 튼튼하며 번식도 간단한 편이어서 열대어 초심자가 키우기에 적합하다.

✪ 튼튼한 체력을 갖춘 아름다운 열대어

송사리 종류는 열대 지역에 넓게 분포하며, 한국에서도 관상용으로 많이 키우고 있다. 그중에서도 구피나 플래티 등은 인기가 가장 많고 대중적이어서 쉽게 구할 수 있으며 가격도 비교적 저렴해 초보자의 입문용으로 적합하다. 개체마다 색이 다양해 마음에 드는 종을 고를 수 있을 뿐만 아니라 체력이 튼튼해 기본 장비만 갖춘다면 어떤 형태의 수조에서도 쉽게 키울 수 있다.

난태생 송사리 종류는 번식도 간단해 암수를 함께 키우면 치어가 탄생하는 순간도 눈으로 확인할 수 있다. 생명이 탄생하는 과정을 가까이에서 관찰할 수 있다는 점은 송사리 종류의 가장 큰 매력이기도 하다. 그러나 부모의 아름다운 색을 유지하고 싶다면 계획적으로 번식시켜야 한다.

난생 송사리 종류는 난태생 송사리에 비해 특별한 환경에서 서식하는 경우가 많아 수질과 수온에 예민하기 때문에 초보자가 관리하기에는 다소 어렵다. 따라서 수질 관리 등 기본적인 관리에 익숙해진 뒤 난생 송사리 사육에 도전하는 것이 좋다.

송사리 종류는 대체로 크기가 작고 성격이 온화하기 때문에 작은 열대어들과 합사하기 쉽다.

번식에 도전해 보자

난태생 송사리를 기르면 그 자체의 아름다움을 감상할 수 있을 뿐만 아니라 물고기의 생활사도 관찰할 수 있다. 가능하다면 암수를 함께 키워 난태생 송사리의 출산을 관찰해 보자. 감동적인 열대어 탄생 과정을 확인할 수 있다.

구피

Guppy (*Poecilia reticulata* var.)

"물생활은 구피로 시작해 구피로 끝난다."라는 말이 있을 정도로 상당히 인기 있는 종이며, 기를수록 그 아름다움에 빠져들 수밖에 없다. 다채로운 색감의 꼬리와 체형을 감상하다 보면 하나의 작품처럼 느껴지기도 한다. 수질이나 수온 변화에도 예민하지 않아 초보자도 쉽게 키울 수 있다.

수입 품종에 비해 국내에서 서식하는 품종의 번식이 쉽기 때문에 번식을 원하는 사람에게는 국내 품종을 추천한다. 목적에 따라 품종을 선택해 보자.

분포	개량 품종
수온	25℃
체장	4cm
먹이	플레이크 사료, 과립 사료
수질	pH 6 전후(약연수~약경수)
대상	초심자 이상

블루 구피

레드 그라스 구피

다이아몬드 구피

레드 모자이크 턱시도 구피

킹코브라 구피

알비노 레드테일 구피

블랙 턱시도 구피

레드 턱시도 구피

네온 블루 턱시도 구피

퍼플 델타 구피

모자이크 구피

골든 코브라 구피

저먼 옐로 턱시도 구피

라이어테일 블랙 몰리

Lyretail black molly (*Poecilia sphenops* var.)

세일핀 몰리를 다른 종의 몰리와 교배해 체색과 체형을 한 번 더 개량한 품종이다. 몰리는 구피나 플래티에 비해 몸집이 약간 더 크고 치어를 더 많이, 더 자주 낳는다.

분포	개량 품종	수온	25℃
먹이	플레이크 사료, 과립 사료	체장	8cm
수질	pH 6 전후(약연수~약경수)	대상	초심자 이상

벌룬 몰리

Balloon molly (*Poecilia velifera* var.)

세일핀 몰리를 개량한 품종이다. 플래티 등 다른 송사리 종류 열대어처럼 튼튼하고 키우기 쉽다. 번식을 시도할 수 있지만 벌룬 몰리 고유의 체형은 얻지 못할 수도 있다. 수컷의 등지느러미는 암컷에 비해 크고 아름답다.

분포	개량 품종	수온	25℃
먹이	플레이크 사료, 과립 사료	체장	5cm
수질	pH 6 전후(약연수~약경수)	대상	초심자 이상

라이어테일 벌룬 몰리

Lyretail balloon molly (*Poecilia sphenops* var.)

벌룬 몰리와 라이어테일 몰리를 교배한 종으로, 독특한 형체가 가장 큰 특징이다. 키우기 쉬워 인기가 많지만, 수질이 나빠지면 건강이 악화되므로 주의가 필요하다.

분포	개량 품종	수온	25℃
먹이	플레이크 사료, 과립 사료	체장	5cm
수질	pH 6 전후(약연수~약경수)	대상	초심자 이상

네온 소드테일

Neon swordtail (*Xiphophorus helleri* var.)

중미를 원산지로 하는 난태생 송사리 종류다. 수컷은 성장함에 따라 꼬리지느러미 아랫부분이 칼 모양으로 길게 자라서 '소드테일'이라는 이름이 붙었다. 많은 개량 품종이 양식되고 있다.

분포	개량 품종	수온	25℃
먹이	플레이크 사료, 과립 사료	체장	8cm
수질	pH 6 전후(약연수~약경수)	대상	초심자 이상

레드 플래티

Red platy (*Xiphophorus maculatus* var.)

초보자도 키우기 쉬운 난태생 송사리다. 사육과 번식이 쉽지만 수질을 깨끗하게 유지하면서 때에 따라 염분을 살짝 추가해 줄 필요가 있다. 붉은색 외에도 다양한 색상의 플래티가 있다.

분포	개량 품종	수온	25℃
먹이	플레이크 사료, 과립 사료	체장	4cm
수질	pH 6 전후(약연수~약경수)	대상	초심자 이상

미키마우스 플래티

Mickey mouse platy (*Xiphophorus maculatus* var.)

꼬리 앞부분이 미키마우스의 실루엣과 닮아 미키마우스 플래티라는 이름을 얻었다. 각각 레드, 화이트 또는 골드 색상을 띤다.

분포	개량 품종	수온	25℃
먹이	플레이크 사료, 과립 사료	체장	4cm
수질	pH 6 전후(약연수~약경수)	대상	초심자 이상

하이핀 베리아투스

High-fin variatus (*Xiphophorus variatus* var.)

베리아투스를 개량한 품종으로, 동남아시아에서 많이 양식된다. 사육 방식은 다른 플래티 종류와 같고 키우기 쉬운 편이다. 색상은 레드 플래티나 미키마우스 플래티에 비해 중후한 느낌을 준다.

분포	개량 품종	수온	25℃
먹이	플레이크 사료, 과립 사료	체장	5~6cm
수질	pH 6 전후(약연수~약경수)	대상	초심자 이상

네눈박이 송사리

Four-eyed fish (*Anableps anableps*)

구피와 같은 난태생 송사리 종류로, 수면 위를 볼 수 있는 눈과 수면 아래를 볼 수 있는 눈을 가지고 있어 '네눈박이'라는 이름이 붙었다. 해수를 2배 정도 희석한 물에서 키우는 것이 좋다.

분포	브라질	수온	26℃
먹이	과립 사료, 붉은 장구벌레	체장	20cm
수질	pH 6~7(약연수)	대상	중급자 이상

아프리칸 램프아이

African lampeye (*Aplocheilichthys normani*)

난생 송사리의 대표 종이다. 얼핏 보면 국내 송사리와 비슷하지만 눈에 램프가 켜져 있는 것처럼 은은한 푸른빛이 난다. 수초로 아름답게 꾸민 수조에서 여러 마리의 아프리칸 램프아이가 유영하는 모습을 보면 신비롭게 느껴지기도 한다.

분포	나이지리아	수온	25℃
먹이	플레이크 사료	체장	3cm
수질	pH 6 전후(약연수)	대상	초심자 이상

가드네리 킬리피시

Gardneri killifish (*Fundulopanchax gardneri*)[1]

난생 송사리의 한 종류로, 체형이 가늘고 길쭉하다. 몸 전체에 붉은색 반점이 흩어져 있는 것이 특징이며, 성장할수록 꼬리지느러미나 등지느러미 쪽의 노란색 선이 뚜렷해진다. 킬리피시는 최근에 한국에 소개된 종으로, 잘 알려져 있지는 않다.

분포	나이지리아	수온	26℃
먹이	플레이크 사료	체장	5cm
수질	pH 5~6(약연수)	대상	중급자 이상

라초비 킬리피시

Bluefin notho killifish (*Nothobranchius rachovii*)

킬리피시 중에서 가장 유명하고 인기 있는 종이다. 노토브란키우스속에 속하는 송사리들은 번식할 때마다 알을 꺼내 건조해 주어야 한다. 수질 관리에 주의하면 본연의 아름다운 모습을 감상할 수 있다.

분포	모잠비크	수온	26℃
먹이	플레이크 사료	체장	5cm
수질	pH 5~6(약연수)	대상	중급자 이상

클라운 킬리피시

Clown killifish (*Epiplatys annulatus*)[2]

검은 띠 모양의 패턴과 지느러미의 색채가 아름다운 난생 송사리다. '아눌라투스'라고도 불린다. 30센티미터 수조에서도 사육과 번식이 충분히 가능하지만 수질 변화에 매우 약하므로 주의해야 한다.

분포	라이베리아	수온	24℃
먹이	플레이크 사료, 과립 사료	체장	5cm
수질	pH 6 전후(약경수)	대상	중급자 이상

카라신 Characin

우리가 알고 있는 열대어 중 많은 종류가 카라신에 속한다. 남미나 아프리카 등의 열대 지방이 원산지인 경우가 대부분이다. 튼튼하고 키우기 쉬워 열대어를 처음 키우는 사람들에게 특히 인기가 많다.

✪ 개성 넘치는 외모가 매력적인 카라신

네온 테트라, 카디날 테트라 등 우리에게 친숙한 테트라 종류가 카라신에 속한다. 카라신에는 네온 테트라처럼 성체가 3~4센티미터인 작은 종류부터, 울프피시 호리처럼 50센티미터까지 성장하는 대형 열대어까지 많은 종류가 있다.

카라신의 대표 종인 소형 테트라는 무리 지어 유영하는 모습이 아름다우며, 육식을 하는 것으로 잘 알려져 있는 피라냐 등은 생활 방식이나 형태가 매우 독특하다. 이처럼 같은 카라신이라도 각기 다른 개성이 있어 종마다 마니아층이 형성되어 있다.

카라신 종류 중에서도 가장 인기가 많고, 예부터 열대어로 잘 알려진 소형 테트라는 남미 대륙에 주로 분포한다. 아마존강 유역에서는 지금도 새로운 종류가 발견되고 있어 흥미를 끈다.

소형 테트라 종류의 열대어는 성질이 온화해서 다른 물고기와 합사하기에 좋고, 수초로 꾸며진 수조에서 많은 수를 키워도 부담이 없다.

피라냐는 육식성이기 때문에 키울 때 주의해야 하지만, 유어와 성체 모두 색채가 아름답고 독특해 관상 가치가 높다. 초심자가 키우기에는 난이도가 높지만, 소형 테트라 종류의 열대어와는 또 다른 즐거움을 느낄 수 있다.

소형 테트라를 10마리 이상 키워 군영을 감상해 보자!

소형 테트라를 키울 때의 가장 큰 매력은 여러 마리가 무리 지어 유영하는 모습을 감상할 수 있다는 것이다. 따라서 가능하면 10마리 이상을 키워 보자.

네온 테트라

Neon tetra (*Paracheirodon innesi*)

가장 대표적인 열대어 중 하나로, 주로 중국이나 동남아시아에서 양식된다. 수질 변화에 예민하고 수조 내 번식이 어렵지만 사육 자체는 쉬운 편이다.

분포	남미 북부	수온	25℃
먹이	플레이크 사료, 과립 사료	체장	3~4cm
수질	pH 6 전후(약연수)	대상	초심자 이상

골든 네온 테트라

Golden neon tetra (*Paracheirodon innesi*)

네온 테트라의 몸 표면에 박테리아가 공생해 체색이 아름다운 금색으로 빛나는 것이 특징이다. 최근에는 야생 개체를 수입하는 경우가 드물어 직접 보기 어려운 종이다.

분포	남미 북부	수온	25℃
먹이	플레이크 사료, 과립 사료	체장	3~4cm
수질	pH 6 전후(약연수)	대상	중급자 이상

뉴 골든 네온 테트라

New golden neon tetra (*Paracheirodon innesi* var.)

네온 테트라를 개량한 품종으로, 색소 이상이나 백변 현상으로 인해 몸의 붉은색 부분이 투명하거나 하얗게 변화했다. 하나의 품종으로 자리 잡은 뒤 많은 수가 수입되고 있으며, 사육 방법은 네온 테트라와 같다.

분포	개량 품종	수온	25℃
먹이	플레이크 사료, 과립 사료	체장	3~4cm
수질	pH 6 전후(약연수)	대상	초심자 이상

카디날 테트라

Cardinal tetra (*Paracheirodon axelrodi*)

잘 알려진 열대어 중 하나다. 수질을 잘 관리해 주어야 하며, 수조 내 번식이 굉장히 어렵다. 수초를 많이 배치한 수조에 잘 적응하며 여러 마리가 함께 행동하는 것을 좋아한다.

분포	브라질, 콜롬비아	수온	25℃
먹이	플레이크 사료	체장	3~4cm
수질	pH 5~6(약연수)	대상	초심자 이상

그린 파이어 테트라

Green fire tetra (*Aphyocharax rathbuni*)

성체가 되면 온몸이 초록색으로 변하는데, 배부터 꼬리까지는 검붉은색이 된다. 겁이 많고 수질에 예민하지만, 수질 관리만 잘하면 사육 자체는 어렵지 않다.

분포	파라과이	수온	25℃
먹이	플레이크 사료, 과립 사료	체장	5cm
수질	pH 6 전후(약연수)	대상	초심자 이상

페퍼 테트라

Pepper tetra (*Axelrodia stigmatias*)

아카호타루 또는 딥레드 페퍼 테트라도 있는데, 이들은 콜롬비아산 변종이다. 꼬리 앞쪽에 붉은색 혹은 노란색 무늬가 있는데, 수입되는 지역에 따라 그 색이 달라질 수 있다.

분포	브라질, 페루	수온	25℃
먹이	플레이크 사료, 실지렁이	체장	3cm
수질	pH 5~6(연수)	대상	초심자 이상

실버 해체트피시

Silver hatchetfish (*Gasteropelecus sternicla*)

수면 가까이에서 유영하다가 깜짝 놀라면 수면 위로 날아오르는 특성이 있어 수조 덮개를 잘 덮어 두고 틈이 없도록 꼼꼼하게 확인하는 것이 좋다. 수질에 예민한 편이지만 사육 자체는 어렵지 않다.

분포	가이아나	수온	25℃
먹이	플레이크 사료	체장	5~6cm
수질	pH 5~6(약연수)	대상	초심자 이상

블랙 테트라

Black tetra (*Gymnocorymbus ternetzi*)

튼튼해서 키우기 쉬운 열대어로, 다양한 개량 품종이 판매되고 있다. 다른 물고기의 지느러미를 공격하는 경우가 있어 구피 등과 합사하는 것은 바람직하지 않다.

분포	북남미	수온	25℃
먹이	플레이크 사료, 과립 사료	체장	5~6cm
수질	pH 6 전후(약연수~약경수)	대상	초심자 이상

실버팁 테트라

Silvertip tetra (*Hasemania nana*)

'하세마니아'라는 이름으로도 불린다. 다른 작은 열대어들과 합사해도 문제를 일으키지 않고 잘 어울려 산다. 성체가 되면 지느러미 끝이 은빛으로 변해 아름다운 모습을 감상할 수 있다.

분포	브라질	수온	25℃
먹이	플레이크 사료, 과립 사료	체장	4~5cm
수질	pH 6 전후(약연수)	대상	초심자 이상

러미노즈 테트라

Rummy-nose tetra (*Hemigrammus bleheri*)

비슷한 생김새를 가진 종들이 있어 헷갈리기 쉬운데, 러미노즈 테트라는 꼬리지느러미에만 검은 무늬가 있다. 사육은 어렵지 않으며, 몸체가 투명해서 수초가 있는 수조에 잘 어울린다.

분포	브라질, 콜롬비아	수온	25℃
먹이	플레이크 사료, 과립 사료	체장	4~5cm
수질	pH 5~6(약연수)	대상	초심자 이상

글로라이트 테트라

Glowlight tetra (*Hemigrammus erythrozonus*)

쉽게 볼 수 있는 소형 테트라 종류로, 저렴하고 사육하기 쉬우며 다른 종들과 잘 어울려 합사에 적합하다. 무리 지어 유영하는 것을 좋아하므로 여러 마리를 함께 키워 보자.

분포	가이아나	수온	25℃
먹이	플레이크 사료	체장	3~4cm
수질	pH 6 전후(약연수)	대상	초심자 이상

헤드 앤 테일 라이트 테트라

Head and tail light tetra (*Hemigrammus ocellifer*)

완만한 물의 흐름을 좋아하고 무리 지어 생활한다. 플레이크 등의 배합 사료를 잘 먹는 편이지만, 식물 성분이 많은 사료를 더 좋아한다. 수컷은 암컷에 비해 몸이 조금 더 가늘고 길쭉하다.

분포	남미 북부	수온	25℃
먹이	플레이크 사료, 과립 사료	체장	4~5cm
수질	pH 5~6(약연수)	대상	초심자 이상

프리티 테트라

Pretty tetra (*Hemigrammus pulcher*)

블랙 웨지 테트라로도 알려져 있으며, 깨끗한 물에서 서식한다. 튼튼해서 사육하기 쉬우며, 여러 마리를 키울 경우 아름다운 군영을 볼 수 있다.

분포	페루	수온	25℃
먹이	플레이크 사료, 과립 사료	체장	4~5cm
수질	pH 5~6(약연수)	대상	초심자 이상

블리딩 하트 테트라

Bleeding heart tetra (*Hyphessobrycon erythrostigma*)

다른 테트라보다 크고 통통한 종이다. 수컷은 성체가 될 때 지느러미가 크게 성장한다. 튼튼하고 먹성이 좋아 키우기 쉽지만, 자신보다 몸집이 작은 물고기를 공격하는 경우가 있으므로 합사할 때 주의해야 한다.

분포	콜롬비아, 브라질	수온	26℃
먹이	플레이크 사료, 과립 사료	체장	6cm
수질	pH 6 전후(약연수)	대상	초심자 이상

블랙 네온 테트라

Black neon tetra (*Hyphessobrycon herbertaxelrodi*)

주로 수조의 중간층이나 상층에서 유영하기 때문에 떠오르는 먹이를 주는 것이 좋다. 성질이 온순하고 다른 종류의 물고기와도 조화롭게 지내므로 합사하기 좋다.

분포	브라질	수온	25℃
먹이	플레이크 사료	체장	3~4cm
수질	pH 6 전후(약연수)	대상	초심자 이상

레몬 테트라

Lemon tetra (*Hyphessobrycon pulchripinnis*)

치어에서 유어기까지는 평범한 열대어지만, 성체가 되면 체색이 선명한 레몬색으로 바뀐다. 사육은 쉬운 편이고 성격도 온화해 다른 어종과 사이좋게 지낸다.

분포	브라질	수온	25℃
먹이	플레이크 사료, 과립 사료	체장	4~5cm
수질	pH 6 전후(약연수)	대상	초심자 이상

로열 테트라

Royal tetra (*Inpaichthys kerri*)

엠퍼러 테트라와 비슷하게 생긴 탓에 두 종이 혼동되어 판매되는 경우도 있다. 성숙한 수컷은 암컷에 비해 선명한 보라색을 띤다. 종종 자기보다 작은 물고기를 공격하거나 쫓아다니며 괴롭히기도 한다.

분포	브라질	수온	25℃
먹이	플레이크 사료	체장	4~5cm
수질	pH 6 전후(약연수)	대상	초심자 이상

블랙 팬텀 테트라

Black phantom tetra (*Hyphessobrycon megalopterus*)[3]

몸집에 비해 지느러미가 크고 아름답다. 성숙함에 따라 지느러미가 깔끔한 검은색으로 변해 간다. 비교적 인기가 많은 종류이며 사육도 어렵지 않다.

분포	브라질	수온	25℃
먹이	플레이크 사료, 과립 사료	체장	4~5cm
수질	pH 5~6(약연수)	대상	초심자 이상

레드 팬텀 테트라

Red phantom tetra (*Hyphessobrycon sweglesi*)[4]

야생에서 포획 및 채집한 개체와 양식한 개체의 체색이 확연하게 다르다. 천연 개체는 몸 전체가 선명한 붉은색을 띠어 매우 아름답지만 수질에 민감하다. 그러나 전반적으로 사육하기 쉬운 편이다.

분포	콜롬비아	수온	25℃
먹이	플레이크 사료, 과립 사료	체장	4~5cm
수질	pH 6 전후(약연수)	대상	초심자 이상

다이아몬드 테트라

Diamond tetra (*Moenkhausia pittieri*)

테트라 중에서도 몽크호샤속에 속하는 종류는 수초를 먹는 습성이 강한데, 다이아몬드 테트라 또한 부드러운 수초를 뜯어 먹는 경우가 있다. 성체가 되면서 몸 전체가 반짝반짝 빛나게 되고 지느러미도 길어져 아름다움이 돋보인다.

분포	베네수엘라	수온	25℃
먹이	플레이크 사료, 과립 사료	체장	5~6cm
수질	pH 6 전후(약연수)	대상	초심자 이상

레드아이 테트라

Redeye tetra (*Moenkhausia sanctaefilomenae*)

카라신 중에서 몸집이 큰 편에 속한다. 성격이 거칠어 다른 종과 합사할 때 주의해야 한다. 배합 사료를 잘 먹는 편이지만 식물을 먹는 습성이 있으므로 수초를 배치하고 싶다면 마누비아스속의 잎이 두꺼운 것을 선택하는 것이 좋다.

분포	브라질, 파라과이	수온	25℃
먹이	플레이크 사료, 과립 사료	체장	7cm
수질	pH 6 전후(약연수)	대상	초심자 이상

펜슬피시

Pencil fish (*Nannostomus eques*)

'에쿠스 펜슬피시'라는 이름으로도 불린다. 사육 방법은 스리라인 펜슬피시와 비슷하지만 펜슬피시가 수질에 조금 더 민감하다.

분포	가이아나, 브라질	수온	25℃
먹이	플레이크 사료, 실지렁이	체장	5~6cm
수질	pH 6 전후(약연수)	대상	초심자 이상

스리라인 펜슬피시

Three-lined pencil fish (*Nannostomus trifasciatus*)

겁이 많고 놀라면 수면 위로 튀어 오르기 때문에 수초를 많이 심은 수조에서 키우는 것이 안정적이다. 사육 환경에 적응하면 위를 향한 자세로 헤엄치는 모습을 볼 수 있다.

분포	페루	수온	25℃
먹이	플레이크 사료	체장	4cm
수질	pH 6 전후(약연수)	대상	초심자 이상

레인보 테트라

Rainbow tetra (*Nematobrycon lacortei*)

수컷 엠퍼러 테트라와 헷갈리는 경우가 있으나 레인보 테트라는 꼬리지느러미의 중앙만 길게 자란다는 특징이 있다. 성체의 모습이 매우 아름다운데, 아름답게 성장하려면 수질이 잘 관리되어야 한다.

분포	콜롬비아	수온	25℃
먹이	플레이크 사료, 과립 사료	체장	5~6cm
수질	pH 5~6(약연수)	대상	초심자 이상

엠퍼러 테트라

Emperor tetra (*Nematobrycon palmeri*)

레인보 테트라와 같은 속에 속하며, 사육 방식도 유사하다. 다른 물고기와 사이좋게 지내는 편이다. 키우는 것 자체는 어렵지 않지만 사진처럼 아름답게 키우려면 수질을 신경 써서 잘 관리해야 한다.

분포	콜롬비아	수온	25℃
먹이	플레이크 사료, 과립 사료	체장	4~5cm
수질	pH 5~6(약연수)	대상	초심자 이상

글라스 블러드핀 테트라

Glass bloodfin tetra (*Prionobrama filigera*)

사랑스러운 외모와 달리 성격이 거칠다. 자신보다 몸집이 작은 물고기를 공격하는 경우가 많기 때문에 다른 열대어와 합사할 때는 상당히 주의해야 한다. 수질에 예민한 편이어서 항상 적정 수질을 유지해 주는 것이 좋다.

분포	아마존강	수온	25℃
먹이	플레이크 사료	체장	5~6cm
수질	pH 7 전후(약연수)	대상	초심자 이상

프리스텔라

X-ray tetra (*Pristella maxillaris*)

야생에서는 물의 흐름이 완만하고 수초가 많은 안정적인 늪지대에 서식하므로 수조에도 수초를 많이 배치해 아늑한 환경을 마련해 주는 것이 좋다. 튼튼하고 키우기 쉬운 편이며, 다른 소형 열대어와도 사이좋게 잘 지낸다.

분포	가이아나, 브라질	수온	25℃
먹이	플레이크 사료, 과립 사료	체장	5cm
수질	pH 6 전후(약연수)	대상	초심자 이상

펭귄 테트라

Penguin tetra (*Thayeria boehlkei*)

보통은 위를 향해 비스듬히 헤엄치지만 물을 갈아 주면 스트레스를 받아 수면 위로 튀어 오르는 경우도 종종 있으니 주의해야 한다. 키우는 방법은 비교적 간단하고 수초가 있는 수조에 잘 어우러진다.

분포	브라질, 페루	수온	25℃
먹이	플레이크 사료	체장	5~6cm
수질	pH 5~6(약연수)	대상	초심자 이상

아프리칸 레드아이 카라신

African red-eyed characin (*Arnoldichthys spilopterus*)

몸 전체가 반짝거리는 독특한 체색을 가진 아프리카산 카라신 종류다. 튼튼하고 사육하기 쉽지만 소형 열대어를 공격하는 경우도 있으니 합사에 주의해야 한다.

분포	나이지리아	수온	25℃
먹이	과립 사료, 붉은장구벌레	체장	10~12cm
수질	pH 6 전후(약연수)	대상	초심자 이상

옐로핀 카라신

Tucan fish (*Chalceus erythrurus*)

핑크테일 카라신과 생김새는 비슷하지만 조금 더 작은 종으로, 튼튼하고 사육하기 쉽다. 성격이 활발하고 거칠어 조금 더 큰 물고기와 함께 키워야 다른 종을 공격하지 않는다.

분포	브라질	수온	25℃
먹이	과립 사료, 붉은장구벌레	체장	18~20cm
수질	pH 6 전후(약연수)	대상	초심자 이상

콩고 테트라

Congo tetra (*Phenacogrammus interruptus*)

키우는 방법이 간단하고 쉬워 아프리카산 카라신 중 가장 인기가 많다. 성장하면 크기가 꽤 커지므로 비슷한 크기의 어종과 함께 키우는 것이 좋다. 성숙한 수컷의 지느러미는 보통 아래로 축 처질 정도까지 길어진다.

분포	콩고	수온	25℃
먹이	플레이크 사료, 과립 사료	체장	7~10cm
수질	pH 6~8(약연수)	대상	초심자 이상

마블 헤드스탠더

Marbled headstander (*Abramites hypselonotus*)

사육은 어렵지 않지만 식물을 먹는 습성이 강해 수초가 많은 수조에는 적합하지 않다. 성격이 거친 편이고 성체가 되면 더욱 공격적으로 변하기 때문에 단독 사육을 추천한다.

분포	파라과이	수온	25℃
먹이	식물성 플레이크 사료	체장	15cm
수질	pH 6~7(약연수)	대상	중급자 이상

로켓 가아

Gar characacin (*Ctenolucius hujeta*)

'실버 가아'라고도 불린다. 낮은 수온을 선호하는 육식성 카라신이다. 사육이 어렵지는 않지만 성장했을 때의 크기를 고려해 조금 큰 수조를 준비하는 것이 좋으며, 먹이를 과하게 주지 않도록 주의해야 한다.

분포	콜롬비아, 베네수엘라	수온	23℃
먹이	붉은장구벌레, 송사리, 금붕어	체장	25cm
수질	pH 6 전후(약연수~약경수)	대상	초심자 이상

하프라인 헤미오두스

Halfline hemiodus (*Hemiodopsis semitaeniatus*)

열대어보다는 활어 같은 분위기를 가진 종으로, 대형 수조에서 유영하는 모습을 지켜보는 재미가 있다. 튼튼하고 활발하게 헤엄쳐 다니는 특성이 있으므로 큰 수조를 준비하는 것이 좋다.

분포	가이아나	수온	25℃
먹이	과립 사료, 붉은장구벌레	체장	16cm
수질	pH 6 전후(약연수)	대상	중급자 이상

스포티드 메티니스

Spotted metynnis (*Metynnis maculatus*)[5]

동그란 은반 같은 몸체를 지녔으며, 성격은 온순한 편이다. 수조 환경에 금방 적응하고 튼튼해서 사육하기 쉽지만 식물을 먹는 습성이 있어 수초가 있는 수조에서는 키우지 않는 것이 좋다.

분포	브라질	수온	25℃
먹이	식물성 플레이크 사료, 과립 사료	체장	20cm
수질	pH 6 전후(약연수)	대상	초심자 이상

붉은 배 피라냐

Red-bellied piranha (*Pygocentrus nattereri*)

가장 대중적인 피라냐 종류다. 기르는 데 특별한 기술이 필요하지는 않지만 먹이가 부족하면 서로 물어뜯을 수 있어 단독 사육을 추천한다. 이빨이 매우 날카로우므로 수조에 손을 넣어 관리할 때 주의해야 한다.

분포	브라질	수온	26℃
먹이	송사리, 금붕어	체장	30cm
수질	pH 6 전후(약연수)	대상	초심자 이상

카리바 피라냐

Black spot piranha (*Pygocentrus cariba*)

오리노코강 하부에 서식하는 피라냐로, 튼튼하고 여러 수질에 잘 적응하므로 기르는 데 특별한 기술이 필요하지 않다. 강한 턱과 날카로운 이빨을 가지고 있어서 먹이를 주거나 수조를 정비할 때 조심해야 한다.

분포	브라질	수온	25℃
먹이	금붕어, 송사리	체장	28cm
수질	pH 6 전후(약연수)	대상	초심자 이상

쇼트노즈 클라운 테트라

Six-banded distichodus (*Distichodus sexfasciatus*)

같은 속에 속하는 롱노즈 클라운 테트라보다 더 크게 성장한다. 성질이 거칠고 수초를 뜯어 먹는 습성이 있으므로 유목으로 꾸며진 수조에서 단독 사육하는 것이 가장 좋다.

분포	콩고	수온	25℃
먹이	과립 사료, 붉은장구벌레	체장	50cm
수질	pH 6 전후(약연수)	대상	초심자 이상

울프피시 호리

Trahira, wolf fish (*Hoplias malabaricus*)

날카로운 어금니와 강한 턱을 가지고 있어 '울프피시'라는 이름이 붙었으며, 따라서 울프피시가 있는 수조를 다룰 때는 주의를 기울여야 한다. 야행성이라 낮에는 수초 그늘 아래 숨어 있다.

분포	남미	수온	27℃
먹이	금붕어, 송사리	체장	50cm
수질	pH 6 전후(약연수~약경수)	대상	중급자 이상

파야라

Payara (*Hydrolycus scomberoides*)

육식성 카라신으로, 날카로운 어금니 때문에 '뱀파이어 테트라'라고도 불린다. 1미터까지도 자란다고 알려져 있지만 확실하지는 않다. 150리터 이상의 대형 수조에서 사육하는 것을 추천한다.

분포	브라질	수온	25℃
먹이	금붕어, 송사리	체장	30cm
수질	pH 6 전후(약연수)	대상	중급자 이상

시클리드 Cichlids

에인절피시, 디스커스 등 대표적인 열대어라 할 수 있고 다양한 매력을 지닌 종들이 속해 있다. 시클리드 종류 열대어에 반해 물생활을 시작하는 사람이 꽤 많다.

✪ 새끼를 양육하는 모습이 매력적인 시클리드

시클리드의 원래 서식지는 중남미나 아프리카로, 디스커스, 에인절피시 등 '열대어의 왕'이라 불리며 오랫동안 사랑받아 온 종들이 속해 있다. 특히 동그랗게 생긴 디스커스나 통통함이 매력인 오스카는 개성 있는 외모로 눈길을 사로잡으며, 옐로 피콕 시클리드, 라미레지 등 체색이 아름다운 열대어는 초보자들에게 인기가 많다.

시클리드에는 새끼를 양육하는 종류도 있다. 종류에 따라 번식 난이도가 다르지만 사육에 익숙해진 다음에는 번식에도 도전해 보기를 권한다. 자신이 낳은 알과 치어를 외부의 적으로부터 보호하는 어미의 모습은 물고기에게도 부모의 사랑이 있음을 느끼게 한다.

디스커스의 치어는 어미의 몸 표면에서 분비되는 우유 같은 '디스커스 밀크'를 먹고 자라는데, 이때 어린 물고기들이 어미 주위에 모여드는 광경을 바라보면 신기할 뿐만 아니라 한편으로 기특함을 느낄 수 있다. 또 알이나 치어를 입 안에 넣어 기르는 '마우스 브리딩(mouth breeding)'이라는 독특한 양육 방식을 가진 시클리드로 블루 제브라 시클리드가 대표적인데, 이를 기르게 된다면 번식까지 도전해 보기를 추천한다.

오스카는 길들이기 쉬운 시클리드로, 오랫동안 한 주인이 사육하면 주인과 다른 사람을 구분한다. 몸 길이도 30센티미터 정도로 큰 편이어서 다른 열대어와 달리 반려동물 같은 느낌을 준다.

새끼를 기르는 모습을 관찰하자

시클리드는 개성 있는 외모만큼이나 새끼를 기르는 방법도 제각각이다. 물고기들이 애정을 쏟아 새끼를 기르는 모습을 가까이에서 지켜보는 것은 또 다른 즐거움을 준다.

에인절피시

Angelfish (*Pterophyllum scalare*)

오랜 기간 인기가 식지 않는 열대어로, 주로 동남아시아에서 양식되어 수입된다. 페루 등지에서 수입되는 야생 개체는 수질에 예민한 편이다.

분포	페루, 에콰도르	수온	25℃
먹이	플레이크 사료, 과립 사료	체장	13cm
수질	pH 6 전후(약연수)	대상	초심자 이상

마블 에인절피시

Marble angelfish (*Pterophyllum scalare* var.)

에인절피시를 개량한 종으로, 사육 방법은 에인절피시와 동일하다. 수질 변화에 민감한 편이지만 키우기는 어렵지 않아 수조 내 번식도 시도해 볼 수 있다. 번식할 때 에키노도루스같이 잎이 커다란 수초에 알을 낳는다.

분포	개량 품종	수온	25℃
먹이	플레이크 사료, 과립 사료	체장	13cm
수질	pH 6 전후(약연수)	대상	초심자 이상

골든 에인절피시

Golden angelfish (*Pterophyllum scalare* var.)

에인절피시를 개량한 종으로, 외형에 따라 부르는 이름이 다르다. 예를 들어 지느러미가 길게 자라면 '베일테일', 비늘의 배열이 불규칙하면 '다이아몬드', 몸속이 살짝 비쳐 보이면 '블러싱'이라고 부른다.

분포	개량 품종	수온	25℃
먹이	플레이크 사료, 과립 사료	체장	13cm
수질	pH 6 전후(약연수)	대상	초심자 이상

알텀 에인절피시

Altum angelfish (*Pterophyllum altum*)

유통되는 알텀 에인절피시는 대부분 야생 개체이므로 수질에 무척 예민하다. 따라서 사육 초기에는 적절한 수질을 찾아 가는 과정이 필요하다. 높이가 45센티미터 이상인 수조에서 사육하는 것이 좋고, 수조 내 번식은 매우 어렵다.

분포	콜롬비아, 베네수엘라	수온	24℃
먹이	플레이크 사료, 과립 사료	체장	15cm
수질	pH 5~6(연수)	대상	상급자

로열 블루 디스커스

Royal blue discus (*Symphysodon aequifasciatus*)

디스커스 종류는 대체로 수질에 민감하므로 그 아름다움을 유지하려면 수질을 잘 관리해 주어야 한다. 구입할 때 기존 서식지와 그곳의 수질을 잘 숙지하고 그에 맞춰 관리해 주는 것이 좋다.

분포	브라질	수온	25℃
먹이	과립 사료, 실지렁이	체장	18cm
수질	pH 5~6(약연수)	대상	중급자 이상

로열 그린 디스커스

Royal green discus (*Symphysodon aequifasciatus*)

많은 개량종이 개발되고 있는 디스커스 중 하나다. 원래는 남미에서 수입되는데, 개체별로 색채 차이가 크며 그 아름다움에 따라 가격도 천차만별이다.

분포	페루, 브라질	수온	25℃
먹이	과립 사료, 실지렁이	체장	18cm
수질	pH 5~6(약연수)	대상	중급자 이상

블루 다이아몬드 디스커스

Blue diamond discus (*Symphysodon aequifasciatus* var.)

디스커스 마니아들은 '블루'라고도 부른다. 몸 전체가 푸른빛의 단일한 색을 띠는 아름다운 종이다. 비교적 수질에 잘 적응하므로 사육이 쉬운 편이다.

분포	개량 품종	수온	27℃
먹이	과립 사료, 실지렁이	체장	18cm
수질	pH 6 전후(약연수)	대상	중급자 이상

피전 블러드 디스커스

Pigeon blood discus (*Symphysodon aequifasciatus* var.)

오렌지빛이 강하게 나도록 개량된 품종으로, 푸른색을 기본색으로 하는 다른 디스커스와는 다른 매력을 뽐낸다. 수조 내 번식이 가능하지만, 번식을 위해서는 전용 산란탑을 준비해야 한다.

분포	개량 품종	수온	27℃
먹이	과립 사료, 실지렁이	체장	18cm
수질	pH 6 전후(약연수)	대상	중급자 이상

아가시지 드워프 시클리드

Agassiz's dwarf cichlid (*Apistogramma agassizii* var.)

유럽에서 추가로 개량된 개체가 많이 수입되고 있다. 연수를 선호하지만, 양식된 개체는 적응력이 뛰어나 수질에 덜 예민한 편이다.

분포	브라질	수온	25℃
먹이	플레이크 사료, 과립 사료	체장	5~6cm
수질	pH 5~6(연수)	대상	중급자 이상

코카투 드워프 시클리드

Cockatoo dwarf cichlid (*Apistogramma cacatuoides*)

등지느러미 앞쪽이 공작의 깃처럼 크고 길게 늘어지는 것이 특징이다. 수컷이 몸집이 더 크고 체색도 더 화려하다. 유럽에서 개량된 품종이 많이 판매되고 있으며, 야생 개체보다는 양식된 개체가 사육하기 더 쉽다.

분포	페루, 브라질	수온	25℃
먹이	플레이크 사료, 과립 사료	체장	5.5cm
수질	pH 6~7(약연수)	대상	초심자 이상

스리 스트라이프 드워프 시클리드

Three-striped dwarf cichlid (*Apistogramma trifasciata*)

수컷은 성체가 되면 몸 전체가 푸른빛으로 반짝인다. 브라질에서 야생 개체가 많이 수입되고 있지만 계절에 따라 입하량이 다르다. 수질에 민감한 편이어서 연수를 지속적으로 유지해 주어야 한다.

분포	남미	수온	25℃
먹이	플레이크 사료, 과립 사료	체장	4~5cm
수질	pH 6(연수)	대상	초심자 이상

라미레지

Ram cichlid (*Mikrogeophagus ramirezi*)[6]

동남아시아에서 양식된 개체가 많이 수입되지만 유럽에서 수입된 종이 색이나 체형 면에서 더 아름답다. 사육 방법은 비교적 간단하고, 성질이 온순해 합사에도 적합하며, 번식시키기에도 어렵지 않다.

분포	베네수엘라	수온	25℃
먹이	플레이크 사료, 과립 사료	체장	4~5cm
수질	pH 5~6(약연수)	대상	초심자 이상

플래그 시클리드

Flag cichlid (*Mesonauta festivus*)

에인절피시의 가까운 친척으로, 오랫동안 사랑받아 온 시클리드 종류다. 튼튼해서 초심자도 어렵지 않게 키울 수 있지만, 소형 카라신이나 송사리 등을 잡아먹는 경우도 있으므로 주의해야 한다. 최대 12센티미터 정도까지 자란다.

분포	남미	수온	26℃
먹이	플레이크 사료, 과립 사료	체장	9cm
수질	pH 6~8(연수)	대상	초심자 이상

텍사스 시클리드

Texas cichlid (*Herichthys cyanoguttatus*)

중미에서 서식하는 시클리드 종류다. 사육은 어렵지 않지만 식탐이 많고 육식성이며, 영역 의식이 매우 강하기 때문에 단독 사육이 적합하다.

분포	미국 남부, 멕시코	수온	26℃
먹이	과립 사료, 송사리	체장	20cm
수질	pH 6~8(약경수)	대상	중급자 이상

잭 뎀프시

Jack dempsey (*Rocio octofasciata*)[7]

1920년대 복싱 헤비급 챔피언의 이름을 따 '잭 뎀프시'라는 이름이 붙었다. 영역 의식이 굉장히 강해 다른 종과 합사하기 어렵다. 튼튼한 편이어서 사육이 어렵지 않고 성체의 모습이 아름답다.

분포	멕시코, 온두라스	수온	26℃
먹이	과립 사료, 송사리	체장	25cm
수질	pH 6~8(약경수)	대상	초심자 이상

오스카

Oscar (*Astronotus ocellatus*)

동남아시아에서도 많이 양식되며, 무늬가 다른 종이나 알비노 등으로 품종 개량이 이루어지고 있다. 육식성이고 매우 활발하므로 합사할 때는 오스카보다 큰 개체를 선택하는 것이 좋다. 성장 속도가 매우 빠른 것이 특징이다.

분포	남미 북부	수온	26℃
먹이	과립 사료, 송사리	체장	50cm
수질	pH 6 전후(약연수)	대상	초심자 이상

버터플라이 피콕 배스

Butterfly peacock bass (*Cichla ocellaris*)

튼튼하고 사육 방식이 간단해 유어기에는 먹이를 충분히 주기만 하면 건강하게 자란다. 육식성이므로 다른 종과 합사하기 어렵지만 크기가 큰 아로와나, 메기 등과는 합사가 가능할 수 있다.

분포	남미 북부	수온	26℃
먹이	송사리, 금붕어	체장	80cm
수질	pH 6 전후(약연수)	대상	초심자 이상

세베럼

Severum (*Heros severus*)

중간 크기의 시클리드 중에서 비교적 온화하고 사육하기 쉬운 종이지만 작은 열대어와의 합사는 피해야 한다. 원래 서식지는 아마존이지만, 동남아시아에서 양식된 종류가 많이 유통된다. 양식 종은 수질에 예민하지 않아 키우기 쉽다.

분포	남미 북부	수온	25℃
먹이	플레이크 사료, 과립 사료	체장	20cm
수질	pH 6 전후(약연수)	대상	초심자 이상

골든 세베럼

Golden severum (*Heros severus* var.)

세베럼을 알비노 개체로 개량한 종류로, 일반 세베럼보다 훨씬 인기가 많다. 사육 방법은 세베럼과 동일하다.

분포	개량 품종	수온	25℃
먹이	플레이크 사료, 과립 사료	체장	20cm
수질	pH 6 전후(약연수)	대상	초심자 이상

플라워혼

Flowerhorn cichlid

미다스 시클리드와 스리스폿 시클리드를 인공적으로 교배한 개량종이다. 키우기는 쉽지만 공격성이 강해 단독으로 사육하는 것이 좋다. 머리의 혹이 매력적이어서 마니아층이 있다.

분포	개량 품종	수온	26℃
먹이	펠릿 사료, 과립 사료	체장	30cm
수질	pH 6 전후(약연수~약경수)	대상	초심자 이상

혈앵무

Blood parrot cichlid

미다스 시클리드와 레드헤드 시클리드를 교배한 뒤 끊임없는 품종 개량 과정을 거쳐 탄생한 종이다. 금붕어처럼 생겼으며, 초심자가 키우기에도 어렵지 않다.

분포	개량 품종	수온	26℃
먹이	플레이크 사료, 과립 사료	체장	20cm
수질	pH 6 전후(약연수~약경수)	대상	초심자 이상

스키아에노크로미스 프리에리

Electric blue hap (*Sciaenochromis fryeri*)

아프리카에서 자연 서식하는 시클리드로, '알리'라는 이름으로도 불린다. 푸르게 반짝이는 체색이 아름답다. 양식된 개체는 저렴하지만 야생 개체만큼 아름답게 성장하지는 않는다.

분포	말라위 호수	수온	25℃
먹이	플레이크 사료, 과립 사료	체장	18cm
수질	pH 7~8(약경수)	대상	초심자 이상

옐로 피콕 시클리드

Nkhomo-benga peacock (*Aulonocara baenschi*)

동남아시아에서 양식된 개체가 많이 수입된다. 아프리칸 시클리드처럼 알칼리성 수질에서 키우는 어종의 경우, 수조 내 질소노폐물의 독성이 증가하기 때문에 수질 관리를 위해 여과 능력이 강력한 여과기가 필요하다.

분포	말라위 호수	수온	25℃
먹이	플레이크 사료, 과립 사료	체장	18cm
수질	pH 7~8(약경수)	대상	초심자 이상

블루 돌핀 시클리드

Blue dolphin cichlid (*Cyrtocara moorii*)

성장하면서 이마가 동그랗게 튀어나오는 독특한 외형을 가졌으며, '무리아이'라고도 불린다. 튼튼하고 사육하기 쉬우며, 번식시키기도 쉽지만 번식을 시도하려면 큰 수조와 평탄하고 얕은 돌이 필요하다. 수컷이 '마우스 브리딩'을 한다.

분포	말라위 호수	수온	25℃
먹이	플레이크 사료, 과립 사료	체장	20cm
수질	pH 7~8(약경수)	대상	초심자 이상

말라위 아이바이터

Malawi eyebiter (*Dimidiochromis compressiceps*)

말라위 호수에서 서식하는 시클리드 중 육식성이 가장 강한 어종이다. 사육은 어렵지 않지만 다른 종과 함께 키울 때는 각별히 주의해야 한다. 시클리드는 영역 의식이 강한데, 특히 쌍을 이룬 경우 영역을 지키려는 경향이 더욱 강해진다.

분포	말라위 호수	수온	25℃
먹이	플레이크 사료, 과립 사료	체장	25cm
수질	pH 7~8(약경수)	대상	초심자 이상

블루 제브라 시클리드

Kenyi cichlid (*Pseudotropheus lombardoi*)

아프리카에서 서식하는 시클리드 중에서 가장 손쉽게 구할 수 있고 가격도 저렴한 편이다. 유어는 몸이 푸른색이지만 수컷은 성숙하면서 노란색을 띠게 되어 특히 아름답다. 튼튼하고 사육하기 쉽다.

분포	말라위 호수	수온	25℃
먹이	플레이크 사료, 과립 사료	체장	10cm
수질	pH 7~8(약경수)	대상	초심자 이상

프론토사

Frontosa (*Cyphotilapia frontosa*)

탄자니아 탕가니카호의 깊은 물에 서식하는 대형 시클리드다. 3~10센티미터 크기의 유어가 많이 판매되지만 30센티미터까지 자라기 때문에 90센티미터 이상의 큰 수조가 필요하다. 키우기는 쉽지만 성질이 거칠어 주의가 필요하다.

분포	탄자니아	수온	25℃
먹이	플레이크 사료, 과립 사료	체장	30cm
수질	pH 7~8(약경수)	대상	초심자 이상

말리에르 줄리

Marlier's Julie (*Julidochromis marlieri*)

가늘고 길쭉한 체형이 특징인 작은 시클리드로, 수조 아래쪽에서 유영한다. 60센티미터 폭의 수조에서도 번식이 가능하다. 산란은 바위 그늘에서 이루어지므로 번식을 시도하려면 바위를 넣어 주어야 한다.

분포	탄자니아	수온	25℃
먹이	플레이크 사료, 과립 사료	체장	10cm
수질	pH 7~8(약경수)	대상	중급자 이상

브리카르디

Lyretail cichlid (*Neolamprologus brichardi*)

'브리샤르디'라고도 불린다. 탄자니아 탕가니카호에 서식하며, 알칼리성 수질을 선호한다. 여러 나라에서 많이 양식되며 수입량도 많아 저렴한 편이지만 개량종은 개량된 지역에 따라 비교적 비싼 값에 팔리기도 한다.

분포	탄자니아	수온	25℃
먹이	플레이크 사료, 과립 사료	체장	8cm
수질	pH 7~8(약경수)	대상	중급자 이상

크리벤시스

Kribensis (*Pelvicachromis pulcher*)

아프리카의 하천에 서식하는 작은 시클리드 종류다. 아누비아스 등의 수초를 배치하면 아프리카의 수중 환경을 재현할 수 있다. 작은 수조에서도 키울 수 있고 번식도 어렵지 않다.

분포	나이지리아	수온	25℃
먹이	플레이크 사료, 과립 사료	체장	10cm
수질	pH 5~6(약연수)	대상	중급자 이상

토마시

African butterfly cichlid (*Anomalochromis thomasi*)

아프리카의 흐름이 완만한 하천이나 호수, 늪 등지에 서식하는 작은 시클리드로, 남미에 서식하는 작은 시클리드인 아피스토그라마 종류와 비슷한 분위기를 가진다. 동남아시아에서 양식된 개체가 수입되고 있으며 튼튼해서 사육하기 쉽다.

분포	시에라리온	수온	25℃
먹이	플레이크 사료, 과립 사료	체장	6~8cm
수질	pH 5~6(약연수)	대상	초심자 이상

오렌지 크로마이드

Orange chromide (*Etroplus maculatus*)

인도 남부나 스리랑카에서 서식하는 시클리드 종류로, 다른 지역에서 발견되는 경우는 드물다. 원산지에서는 기수역에서도 서식하기 때문에 해수 지역에 서식하는 자리돔과 생태가 비슷하다.

분포	인도, 스리랑카	수온	25℃
먹이	플레이크 사료, 과립 사료	체장	12cm
수질	pH 6 전후(약연수~약경수)	대상	초심자 이상

아나바스 Labyrinth Fish

아나바스에는 열대어 중에서도 특이한 생태를 가지는 종이 많다. 개체 본연의 아름다움뿐만 아니라 독특한 번식 행동 등을 관찰해 보자.

✪ 다른 물고기와는 다른 독특한 생태가 매력적인 아나바스

동남아시아나 아프리카의 열대 지역을 중심으로 분포하는 아나바스는 '래버린스 기관(Labyrinth organ)'이라는 독특한 보조 호흡 기관을 가지고 있다. 이 기관을 이용하면 들이마신 산소를 체내에 저장할 수 있으므로 수중의 산소가 부족한 곳에서도 산소 결핍으로 숨을 쉬지 못하는 일은 거의 없다.

번식 행동도 독특하고 흥미로운데, 번식은 크게 두 가지 방식으로 이루어진다. 하나는 구라미, 베타 등에서 관찰할 수 있는 '버블네스트 브리딩'으로, 이름에서 알 수 있듯이 수컷이 입으로 거품집을 만들면 암컷이 그 안에 산란해 부화시키는 방식이다. 다른 하나는 '마우스 브리딩'으로, 암컷이 낳은 수정란을 수컷이 입 속에 넣어 부화할 때까지 품고 다니는 방식이다. 두 가지 방식 모두 치어가 부화해 헤엄칠 수 있을 때까지 수컷이 양육에 헌신하는 모습이 나타난다. 아나바스 종류를 키우게 되면 꼭 쌍으로 구입해 독특한 번식 행동을 관찰해 보자.

베타는 '투어(싸움물고기)'라고 불릴 정도로 전투심이 강한데, 특히 여러 마리의 수컷을 함께 기르면 그 경향이 더욱 심해져 동남아시아에서는 수컷 베타를 이용한 도박 게임이 성행할 정도다. 따라서 수컷 베타는 한 마리만 기르는 것이 좋다. 다행히 다른 종과는 서로 싸우지 않으므로 베타를 다른 종과 함께 키우는 것은 괜찮다.

아나바스 중에서도 인기가 많은 구라미는 아름다운 외형을 가진 개체가 많고, 사육이나 번식 방법도 간단하며, 적응력도 뛰어나 초심자에게 추천할 만하다.

한 쌍을 기르며 번식에 도전해 보자.

아나바스는 '버블네스트 브리딩'이나 '마우스 브리딩'이라는 독특한 번식 행동을 한다. 가능하면 한 쌍을 기르며 아나바스만의 번식 생태를 관찰해 보자.

베타

Siamese fighting fish (*Betta splendens* var.)

커다란 컵 크기의 작은 수조에서도 사육할 수 있는 열대어다. 개량이 적극적으로 이루어져 다양한 색과 체형이 판매되고 있으며, 그 아름다움에 따라 가격도 천차만별이다. 궁합이 좋은 한 쌍을 얻게 되면 초심자도 번식에 성공할 수 있다.

분포	개량 품종	수온	26℃
먹이	과립 사료, 붉은장구벌레	체장	7cm
수질	pH 6 전후(약연수)	대상	초심자 이상

페낭 베타

Penang betta (*Betta pugnax*)

야생에서는 풀이 무성한 늪지대나 물의 흐름이 완만한 강기슭에 서식한다. 수질에 민감하고 겁이 많아 작은 수조에서 단독으로 사육하는 것이 좋다. 마우스 브리딩 방식으로 번식한다.

분포	말레이시아, 인도네시아	수온	25℃
먹이	실지렁이, 붉은장구벌레	체장	12cm
수질	pH 6 전후(약연수)	대상	중급자 이상

드워프 구라미

Dwarf gourami (*Trichogaster lalius*)[8]

성별에 따른 체색의 차이가 커서 암수를 쉽게 구별할 수 있다. 긁히는 상처에 약하지만 사육이 어렵지 않고 먹성도 좋다. 아나바스 종류는 보통 완만하게 흐르는 물을 좋아한다.

분포	인도, 동남아시아	수온	25℃
먹이	플레이크 사료, 실지렁이 등	체장	8cm
수질	pH 6 전후(약연수)	대상	초심자 이상

네온 드워프 구라미

Neon dwarf gourami (*Trichogaster lalius* var.)[9]

드워프 구라미를 개량한 품종으로, 사육 방법은 드워프 구라미와 동일하다. 수조 내 번식이 가능하며, 물의 흐름을 완만하게 하고 부상 수초를 띄워 주면 수컷이 거품집을 만든다. 암컷이 그곳에 산란하면 수컷이 이를 지킨다.

분포	개량 품종	수온	25℃
먹이	플레이크 사료, 실지렁이 등	체장	8cm
수질	pH 6 전후(약연수)	대상	초심자 이상

선셋 드워프 구라미

Sunset dwarf gourami (*Trichogaster lalius* var.)[10]

드워프 구라미를 개량한 품종으로, 사육 방법은 드워프 구라미와 동일하다. 이 외에도 몸 전체가 메탈릭 블루로 반짝이는 '파우더 블루'라는 개량종이 있다.

분포	개량 품종	수온	25℃
먹이	플레이크 사료, 실지렁이 등	체장	8cm
수질	pH 6 전후(약연수)	대상	초심자 이상

키싱 구라미

Kissing gourami (*Helostoma temminckii* var.)

이름에서 알 수 있듯이 뽀뽀를 하는 듯한 모습을 보이는 열대어다. 같은 종류의 물고기뿐만 아니라 수초나 돌 등에도 그러한 행동을 하는데, 이는 상대를 위협하는 행동으로, 성격이 거친 편임을 알 수 있다.

분포	태국, 인도네시아	수온	25℃
먹이	과립 사료, 붉은장구벌레	체장	30cm
수질	pH 6 전후(약연수)	대상	초심자 이상

자이언트 레드테일 구라미

Giant red tail gourami (*Osphronemus laticlavius*)

몸집이 매우 큰 아나바스 종류로, 자연에서는 하천의 웅덩이에 산다. 튼튼하고 사육하기 쉽다. 배합 사료나 곤충, 수초, 소형 물고기 등 무엇이든 잘 먹고 성장도 빠르기 때문에 처음부터 큰 수조를 준비하는 것이 좋다.

분포	태국, 인도네시아	수온	25℃
먹이	과립 사료	체장	70cm
수질	pH 6 전후(약연수)	대상	초심자 이상

초콜릿 구라미

Chocolate gourami (*Sphaerichthys osphromenoides*)

비교적 인기가 많은 종이다. 그렇지만 수질에 굉장히 민감하고, 특히 연수를 선호하기 때문에 수질 조정제를 사용해 수질을 맞춰 주어야 한다. 먹이로 실지렁이를 자주 주는 것이 좋다.

분포	인도네시아, 말레이시아	수온	26℃
먹이	플레이크 사료, 실지렁이	체장	6cm
수질	pH 5~6(연수)	대상	초심자 이상

펄 구라미

Pearl gourami (*Trichopodus leerii*)[11]

적절한 환경에서 사육하면 몸에 무수한 진줏빛 반점이 드러나 굉장히 아름다운 모습으로 성장한다. 수컷 성체는 지느러미가 빗 모양으로 길어지기 때문에 암수 구별이 쉽다. 사육하기도 쉽고 귀여워 인기가 많다.

분포	인도네시아, 말레이시아, 태국	수온	25℃
먹이	플레이크 사료, 실지렁이 등	체장	12cm
수질	pH 6 전후(약연수)	대상	초심자 이상

마블 구라미

Marbled gourami (*Trichopodus trichopterus* var.)[12]

스리스폿 구라미를 개량한 품종이다. 튼튼하고 사육하기 쉬워 초보자가 키우기에 적합하다. 현지에서는 중요한 식용 물고기로 활용되고 있다.

분포	개량 품종	수온	25℃
먹이	플레이크 사료, 실지렁이 등	체장	15cm
수질	pH 6 전후(약연수)	대상	초심자 이상

골든 구라미

Golden gourami (*Trichopodus trichopterus* var.)[13]

스리스폿 구라미를 개량한 품종으로, 사육 방법은 마블 구라미와 비슷하다. 최근에는 다채로운 색상의 '플래티넘'이라고 불리는 종류도 함께 판매되고 있는데, 골든 구라미보다 플래티넘의 색이 조금 더 하얗다.

분포	개량 품종	수온	25℃
먹이	플레이크 사료, 실지렁이 등	체장	15cm
수질	pH 6 전후(약연수)	대상	초심자 이상

스리스트라이프 구라미

Threestripe gourami (*Trichopsis schalleri*)

소형 아나바스로, 성장하면 작은 파란색 얼룩무늬가 나타나 매우 아름답다. 자연에서는 늪지나 습지에 많이 서식한다. 수질 변화에 약해 주의가 필요하다.

분포	태국	수온	25℃
먹이	플레이크 사료, 실지렁이	체장	5cm
수질	pH 6 전후(약연수)	대상	초심자 이상

클라이밍 퍼치

Climbing perch (*Anabas testudineus*)

매우 튼튼하고 키우기 쉬운 아나바스다. 먹이를 찾아 수면에 떠 있는 나뭇가지를 기어 다니는 습성이 있어 이런 이름이 붙었다. 머리 양쪽에 래버린스 기관이 있어 물이 없어도 며칠에서 몇 주 동안 살 수 있다.

분포	인도 및 중국 등지	수온	25℃
먹이	과립 사료, 붉은장구벌레	체장	25cm
수질	pH 6 전후(약연수)	대상	초심자 이상

자이언트 파이크헤드

Giant pikehead (*Luciocephalus pulcher*)

아나바스 중에서도 독특한 종류로, 생김새는 가아 종류와 비슷하며, 육식성이어서 작은 열대어를 재빨리 공격해 잡아먹는다. 구하기 어렵고 수질 변화에 민감해 사육하기 까다로운 편이다.

분포	말레이시아	수온	25℃ 전후
먹이	송사리	체장	17cm
수질	pH 6~7(약연수)	대상	중급자 이상

레인보 스네이크헤드

Rainbow snakehead (*Channa bleheri*)

스네이크헤드 중에서도 작은 편이라 섬세한 매력이 있다. 수질에 예민하므로 여과 능력이 좋은 여과기를 사용해야 한다. 작은 열대어와 함께 키울 수 있으며, 단독으로 키운다면 30센티미터 폭의 수조로도 충분하다.

분포	인도	수온	25℃
먹이	송사리, 붉은장구벌레	체장	15cm
수질	pH 6 전후(약연수)	대상	초심자 이상

오셀레이트 스네이크헤드

Ocellated snakehead (*Channa pleurophthalma*)

성장하면서 몸의 무늬가 황색으로 변하고 몸 전체가 푸르게 빛나 '코발트블루 스네이크헤드'라고도 불린다. 작은 물고기를 잡아먹기 때문에 작은 열대어와는 함께 키울 수 없다. 단독으로 키울 경우 사육이 쉬운 편이다.

분포	인도네시아	수온	25℃
먹이	금붕어, 송사리	체장	40cm
수질	pH 6 전후(약연수)	대상	초심자 이상

잉어, 미꾸라지 Carp & Loach

관상어로 인기가 많은 잉어 종류는 튼튼하고 번식도 어렵지 않아서 초보자도 안심하고 키울 수 있다.

✪ 수컷의 짝짓기 색이 매력적인 잉어와 미꾸라지

카라신, 시클리드와 더불어 인기가 많고 쉽게 접할 수 있는 종이다. 잉어 종류 중 가장 먼저 떠올릴 수 있는 것은 금붕어로, 처음으로 키워 본 물고기가 금붕어인 사람이 많을 것이다. 잉어는 튼튼해서 키우기 쉬우므로 열대어 입문용으로 소개되는 경우가 많다. 잉어와 미꾸라지 종류는 온대부터 아열대 지역까지 널리 분포하며, 저온에서도 잘 적응해 특수한 장비 없이도 쉽게 기를 수 있다.

라스보라 또한 많은 사랑을 받아 온 열대어로, 종류가 다양하다. 성장함에 따라 몸의 광택이 점점 더 아름다워지는 것을 관찰하는 재미가 있다. 라스보라는 번식기에 수컷이 암컷을 따라다니며, 이때 수컷의 체색이 변화한다. 이렇게 변화한 체색을 '짝짓기 색'이라고 부르는데, 무척 아름다우므로 라스보라를 키울 때는 10마리 이상 무리로 키워 번식에도 도전해 보자.

미꾸라지 종류는 수조의 청소부 역할을 기대하며 사육하는 경우가 많지만 사랑스러운 생김새와 아름다운 색을 가진 종은 수조의 마스코트 역할을 하기도 한다. 다만 모래를 파헤치는 습성이 있기 때문에 수초가 많은 수조에서 키우기에는 부적합하다.

자신의 능력에 알맞은 종을 선택해 보자.

물생활 입문용으로 불리는 종부터 기를수록 아름다움이 더해지는 종까지 다양한 종류의 관상어 가운데 자신의 능력에 맞는 종을 선택한다면 물생활의 즐거움이 배가될 것이다.

자에 바브

Jae barb (*Enteromius jae*)

아프리카에서 서식하는 잉어 종류로, 아시아에 서식하는 종류와는 다른 아름다움을 가지고 있다. 안정적으로 수입되는 종은 아니다. 수질 관리에 주의가 필요하다.

분포	콩고, 카메룬	수온	25℃
먹이	플레이크 사료, 과립 사료	체장	4cm
수질	pH 5~6(연수)	대상	중급자 이상

리스트 라스보라

Least rasbora (*Boraras urophthalmoides*)

라스보라속에 포함되어 있었다가 최근 보라라스속으로 분류되었다. 수질에 민감한 편이라 수조에 처음 넣을 때나 물을 갈아 줄 때 주의가 필요하다. 그렇지만 성격이 온화해 사육 자체는 간단하다.

분포	태국	수온	25℃
먹이	플레이크 사료, 실지렁이	체장	3cm
수질	pH 6 전후(약연수)	대상	초심자 이상

펄 다니오

Pearl danio (*Danio albolineatus*)

수면 근처에서 무리 지어 유영하는 종이다. 사육은 어렵지 않아 초보자도 작은 수조에서 충분히 사육할 수 있다. 성장함에 따라 몸에서 진주 같은 광채가 나 수초가 있는 수조에 잘 어울린다.

분포	동남아시아	수온	25℃
먹이	플레이크 사료	체장	6cm
수질	pH 6 전후(약연수)	대상	초심자 이상

제브라 다니오

Zebra danio (*Danio rerio*)[14]

얌전한 성격의 작은 잉어 종류로, 자연에서는 파키스탄에서부터 미얀마에 걸쳐 널리 분포한다. 양식장에서 빠져나온 개체군이 콜롬비아에 일부 서식한다고 알려져 있다. 사육하기 쉬운 편이어서 초심자에게 적합하다.

분포	파키스탄, 인도, 미얀마	수온	25℃
먹이	플레이크 사료	체장	5cm
수질	pH 6 전후(약연수)	대상	초심자 이상

레오파드 다니오

Leopard danio (*Danio rerio* var.)[15]

제브라 다니오를 개량한 품종이라는 설이 있지만 명확한 기원은 알려져 있지 않다. 다른 종과 합사하기 쉬운 편이며, 작은 수조에서도 키울 수 있다. 롱핀 타입 레오파드 다니오도 있다.

분포	불명	수온	25℃
먹이	플레이크 사료	체장	5cm
수질	pH 6 전후(약연수)	대상	초심자 이상

네온 그린 라스보라

Neon green rasbora (*Microdevario kubotai*)[16]

아주 작은 잉어 종류로, 투명한 몸이 특징인데 성체가 되면 체색이 푸른빛을 띤다. 수질에 예민한 편이라 수질이 악화되면 건강에 이상이 생길 수 있다.

분포	태국	수온	25℃
먹이	플레이크 사료, 실지렁이	체장	3cm
수질	pH 5~6(약연수)	대상	중급자 이상

스패너 바브

Spanner barb (*Barbodes lateristriga*)[17]

산간 지역의 계곡 등지에 서식하며 폭포같이 물살이 센 곳에서도 서식하는 것으로 알려져 있다. 튼튼하고 사육하기 쉽지만 활동적이어서 커다란 수조에서 사육하는 것이 좋다.

분포	말레이시아, 인도네시아	수온	25℃
먹이	플레이크 사료, 과립 사료	체장	18cm
수질	pH 6 전후(약연수)	대상	초심자 이상

골든 바브

Golden barb (*Barbodes semifasciolatus*)[18]

매우 튼튼한 종으로, 초심자도 작은 수조에서 사육할 수 있다. 몸의 검은 무늬는 개체에 따라 그 형태의 차이가 크다. 또한 비교적 온화한 종이어서 다른 소형 어종과 잘 어울린다.

분포	말레이시아	수온	26℃
먹이	플레이크 사료, 과립 사료	체장	8cm
수질	pH 6 전후(약연수)	대상	초심자 이상

틴포일 바브

Tinfoil barb (*Barbonymus schwanenfeldii*)[19]

'실버 바브'라고도 불린다. 메콩강 등 주로 큰 강에 서식한다. 상대적으로 크게 성장하기 때문에 현지에서는 식용 물고기로 활용된다. 튼튼하고 사육하기 쉬운 편이며 가이양 같은 대형 메기와도 함께 키울 수 있다.

분포	말레이시아, 인도네시아	수온	25℃
먹이	플레이크 사료, 과립 사료	체장	35cm
수질	pH 6 전후(약연수)	대상	초심자 이상

오데사 바브

Odessa barb (*Pethia padamya*)[20]

개량종으로 알려져 있지만 명확한 기원은 알 수 없다. '오데사'라는 명칭도 사람 이름에서 따온 것인지, 지명에서 유래한 것인지 명확하지 않다. 공격적인 면이 있어 작은 물고기와는 합사하지 않는 것이 좋다.

분포	불명	수온	25℃
먹이	플레이크 사료, 과립 사료	체장	5cm
수질	pH 6 전후(약연수)	대상	초심자 이상

수마트라 바브

Sumatra barb (*Puntigrus tetrazona*)[21]

쉽게 볼 수 있는 열대어로, 수질이나 먹이에 특별히 신경 쓸 필요가 없어 기르기 쉽다. 성질이 난폭한 편이라 다른 소형 열대어를 괴롭히기 때문에 다른 종과 합사할 때는 주의해야 한다.

분포	인도네시아	수온	25℃
먹이	플레이크 사료	체장	5cm
수질	pH 6 전후(약연수)	대상	초심자 이상

그린 수마트라 바브

Green tiger barb (*Puntigrus tetrazona* var.)[22]

수마트라 바브를 개량한 품종으로, 사육 방법은 수마트라 바브와 동일하다. 길게 늘어진 지느러미를 가진 물고기를 공격하는 경우가 많으므로 구피나 에인절피시와는 합사하지 않는 것이 좋다.

분포	개량 품종	수온	25℃
먹이	플레이크 사료	체장	5cm
수질	pH 6 전후(약연수)	대상	초심자 이상

알비노 수마트라 바브

Albino tiger barb (*Puntigrus tetrazona* var.)[23]

수마트라 바브를 개량한 품종으로, 사육 방법은 수마트라 바브와 동일하다. 무리 지어 생활하므로 여러 마리를 함께 키우는 것이 좋다. 작은 수조에서도 키울 수 있으나 부드러운 수초는 먹어 버리기 때문에 수초가 있는 수조에는 적합하지 않다.

분포	개량 품종	수온	25℃
먹이	플레이크 사료	체장	5cm
수질	pH 6 전후(약연수)	대상	초심자 이상

체리 바브

Cherry barb (*Puntius titteya*)

대표적인 잉어 종류로, 동남아시아에서 대량으로 양식한다. 원산지인 스리랑카에서는 지나친 포획으로 그 수가 눈에 띄게 감소하고 있다. 키우는 방법은 비교적 간단하고 작은 수조에서도 키울 수 있다.

분포	스리랑카	수온	26℃
먹이	플레이크 사료	체장	4cm
수질	pH 6 전후(약연수)	대상	초심자 이상

네온 블루 라스보라

Neon blue rasbora (*Sundadanio axelrodi* var.)[24]

잉어 종류 중에서도 가장 작은 편에 속하며 생김새가 무척 아름답다. 유럽을 포함한 여러 지역에서 개량과 번식이 이루어짐에 따라 색상이 다양하다. 수질에 민감한 편이어서 수초가 많은 수조에서 사육하는 것이 좋다.

분포	개량 품종	수온	25℃
먹이	플레이크 사료, 실지렁이	체장	2cm
수질	pH 5~6(약연수)	대상	초심자 이상

블랙라인 라스보라

Blackline rasbora (*Rasbora borapetensis*)

쉽게 볼 수 있는 일반적인 종류로, 초보자도 작은 수조에서 충분히 사육할 수 있다. 연수를 선호하므로 수조에 미리 수초를 많이 심어 놓고 일주일 뒤에 물고기를 넣어 주는 것이 좋다.

분포	말레이시아	수온	25℃
먹이	플레이크 사료	체장	5cm
수질	pH 6 전후(연수)	대상	초심자 이상

아이스폿 라스보라

Eyespot rasbora (*Brevibora dorsiocellata*)[25]

외모가 화려하지는 않지만, 경엽형 수초를 배치한 수조에 잘 어울리는 종이다. 수입량이 많아 쉽게 구할 수 있으며 작은 수조에서 키우기에 적합하다. 수질 변화에 예민하므로 수질 관리에 신경 써야 한다.

분포	말레이시아, 인도네시아	수온	25℃
먹이	플레이크 사료	체장	4cm
수질	pH 6 전후(약연수)	대상	초심자 이상

할리퀸 라스보라

Harlequin rasbora (*Trigonostigma heteromorpha*)[26]

구하기 쉬운 잉어 종류이며, 개량종으로 블루와 골드가 있다. 사육하기 쉬운 편이고, 다른 소형 물고기와도 잘 어울려 지낸다.

분포	태국, 인도네시아	수온	25℃
먹이	플레이크 사료	체장	5cm
수질	pH 6 전후(약연수)	대상	초심자 이상

클라운 라스보라

Clown rasbora (*Rasbora kalochroma*)

라스보라 중 비교적 큰 종이며, 다른 물고기와 비교적 잘 어울리는 편이다. 야생에서 채집한 개체는 수질 변화에 매우 예민해 관리하기 어렵다.

분포	말레이시아, 인도네시아	수온	25℃
먹이	플레이크 사료, 과립 사료	체장	10cm
수질	pH 6 전후(연수)	대상	중급자 이상

레드라인 라스보라

Redline rasbora (*Rasbora pauciperforata*)

늪이나 연못가의 수풀이 무성한 곳에 무리 지어 서식한다. 몸의 붉은 선은 수질에 따라 선명해지기도 하고 흐려지기도 한다. 사육은 어렵지 않으나 수질 변화에 예민하므로 수질 관리가 중요하다.

분포	동남아시아	수온	25℃
먹이	플레이크 사료, 과립 사료	체장	8cm
수질	pH 6 전후(약연수)	대상	초심자 이상

시저테일 라스보라

Scissortail rasbora (*Rasbora trilineata*)

호수와 늪, 습지, 큰 하천 등에 널리 분포하는 일반적인 종이다. 물의 흐름이 비교적 완만한 장소의 수면 부근에서 서식한다. 초심자도 키우기 쉬운 입문용 물고기다.

분포	말레이시아, 인도네시아	수온	25℃
먹이	플레이크 사료, 과립 사료	체장	13cm
수질	pH 6 전후(약연수)	대상	초심자 이상

러미노즈 라스보라

Rummynose rasbora (*Sawbwa resplendens*)

수초가 많은 맑은 물에서 무리 지어 서식한다. 매우 작지만 반짝반짝 빛나는 몸이 아름답다. 수질 악화에 약한 편이어서 세심한 물갈이가 필요하다.

분포	미얀마	수온	25℃
먹이	플레이크 사료	체장	2.5cm
수질	pH 7~8(약연수)	대상	중급자 이상

백운산어

White Cloud Mountain minnow (*Tanichthys albonubes*)

중국 남부에 서식하는 온대성 물고기다. 양식된 개체가 홍콩이나 광저우에서 대량으로 수입되고 있지만 보통 육식 어종의 먹이용으로 취급된다. 수온 변화에 대한 적응력이 강하고 튼튼해서 사육하기 쉽다.

분포	중국	수온	23℃
먹이	플레이크 사료	체장	5cm
수질	pH 6 전후(약연수)	대상	초심자 이상

레드테일 블랙 샤크

Red tail black shark (*Epalzeorhynchos bicolor*)

수조의 저층을 활발히 유영하며 먹이를 찾는다. 레인보샤크와 비슷한데, 모든 지느러미가 붉은빛인 레인보샤크와 달리 꼬리지느러미만 붉은색이다. 두 종류 모두 튼튼해서 초보자가 키우기에 어렵지 않다.

분포	태국	수온	25℃
먹이	플레이크 사료, 과립 사료	체장	15cm
수질	pH 6 전후(약연수~약경수)	대상	초심자 이상

실버 샤크

Silver shark (*Balantiocheilos melanopterus*)

레드테일 블랙 샤크와 체형이 비슷하지만 실버 샤크는 수조의 중간층에서 무리 지어 헤엄치는 경우가 많다는 점이 확연히 다르다. 30센티미터까지 성장할 수 있어 몸집이 큰 종에 속한다. 사육은 어렵지 않고 수질 변화에도 잘 적응한다.

분포	태국	수온	25℃
먹이	플레이크 사료, 과립 사료	체장	30cm
수질	pH 6 전후(약연수~약경수)	대상	초심자 이상

서커벨리 로치

Sucker-belly loach (*Pseudogastromyzon myersi*)

'가오리 비파' 또는 '홍콩 플레코'라고도 불리지만 메깃과가 아니라 잉엇과다. 원래 서식지에서 낮에는 보통 강바닥의 그늘에 숨어 있다. 비교적 튼튼하지만 몸 표면이 긁히는 상처에 약하므로 주의가 필요하다.

분포	중국	수온	25℃
먹이	태블릿 사료, 실지렁이	체장	10cm
수질	pH 6 전후(약연수)	대상	초심자 이상

차이니즈 알지이터

Chinese algae eater (*Gyrinocheilus aymonieri*)

야생에서는 물의 흐름이 빠른 곳에 서식한다. 개량종인 알비노 개체도 많이 판매되고 있다. 초식을 선호해 수조의 청소부 역할을 하기 때문에 이끼 청소 목적으로 키우는 경우가 많다.

분포	태국, 말레이시아	수온	25℃
먹이	플레이크 사료	체장	25cm
수질	pH 6~8(약연수)	대상	초심자 이상

엥추이

Chinese high-fin banded shark (*Myxocyprinus asiaticus*)

엥추이에는 두 가지 아종이 있다고 알려져 있지만, 한국에 수입되는 종류가 무엇인지는 불분명하다. 바닥에 가라앉는 성질의 먹이를 잘 먹는다. 유어기에는 등지느러미가 길게 자라 구경하는 재미가 있다.

분포	중국	수온	23℃
먹이	과립 사료	체장	60cm
수질	pH 6 전후(약연수)	대상	중급자 이상

클라운 로치

Clown loach (*Chromobotia macracanthus*)[27]

미꾸라지 중에서 인기가 많은 종류로, 비교적 크게 성장한다. 사육 방법 자체는 어렵지 않지만 백점병에 걸리기 쉬우므로 이를 예방하기 위해 수온을 높게 하고 구입 직후 약욕을 시키는 것이 좋다.

분포	인도네시아	수온	27℃
먹이	과립 사료, 붉은장구벌레 등	체장	30cm
수질	pH 6 전후(약연수)	대상	초심자 이상

호스페이스 로치

Horseface loach (*Acantopsis choirorhynchos*)

메콩강 하류의 모랫바닥에 많이 서식한다. 기르기 쉽고 튼튼하지만, 모래 속에 숨는 습성이 있기 때문에 뽑히지 않도록 수초를 잘 배치해야 한다.

분포	인도, 동남아시아	수온	26℃
먹이	과립 사료, 붉은장구벌레 등	체장	25cm
수질	pH 6 전후(약연수)	대상	초심자 이상

스컹크 보티아

Skunk loach (*Yasuhikotakia morleti*)[28]

등 중앙의 검은색 선 때문에 스컹크 보티아라는 이름이 붙었다. 쉽게 구할 수 있는 종이며 사육도 어렵지 않다. 활동적인 미꾸라지 종류이기 때문에 먹이로 실지렁이 같은 동물성 사료도 함께 넣어 주는 것이 좋다.

분포	태국	수온	26℃
먹이	과립 사료, 실지렁이 등	체장	10cm
수질	pH 6 전후(약연수)	대상	초심자 이상

쿨리 로치

Kuhli loach (*Pangio kuhlii*)

야행성이기 때문에 수조에서 기르는 경우에도 유영 활동을 관찰할 기회가 적다. 그렇지만 튼튼하고 수질에 대한 적응력도 뛰어나 사육하기는 매우 쉽다.

분포	말레이시아	수온	26℃
먹이	플레이크 사료, 실지렁이	체장	10cm
수질	pH 6 전후(약연수)	대상	초심자 이상

메기 Catfish

수천 종 이상의 물고기가 속해 있다고 알려져 있는 메기 종류는 생태나 번식 행동이 독특하다. 그 매력에 빠져 메기만 키우는 사람도 많다.

✪ 수염이 매력포인트인 메기

보통 메기라고 하면 짙은 갈색의 밋밋한 모습을 떠올리기 쉽지만, 메기는 전 세계에 서식하고 있는 만큼 체색, 모양, 크기 등이 굉장히 다양하고 그 매력이 풍부하다. 몸이 투명해서 내부 장기와 뼈가 보이는 신비한 느낌의 글라스 캣피시나 전기를 만들어 내는 전기 메기같이 독특한 특징을 가진 종도 있으므로 취향과 관심사에 맞게 선택할 수 있다. 레드테일 캣피시같이 다 성장하면 1미터가 넘는 대형 메기는 장엄한 느낌을 준다. 소형 플레코 종류는 이끼 청소용으로 키우는 경우가 많고, 몸에 아름다운 문양을 지닌 경우에는 관상용으로 키우기도 한다. 또한 코리도라스는 200종이 넘어 다채로운 생김새를 감상할 수 있다. 메기 종류는 기본적인 관리만 잘해 준다면 사육하기 어렵지 않다. 다만, 매력포인트인 수염이 다치는 것을 방지하기 위해 바닥에 모래를 깔아 주어야 한다.

메기의 치어는 성장이 매우 빨라 그 과정을 눈으로 볼 수 있을 정도다. 자세히 보면 사랑스럽고 귀여운 얼굴을 가지고 있으며 잘 길들여지기 때문에 반려동물로 생각하고 기르는 사람들도 있다. 그러나 몸집이 큰 만큼 힘이 세고 파괴력이 커서 아름답게 꾸민 수조를 망가뜨리거나 수조 자체를 깨뜨리는 경우도 있다. 대형 어종을 선택한다면 반드시 알맞은 크기의 튼튼한 수조를 준비해야 한다.

수조에 알맞은 개체를 찾자.

이끼 청소를 위해 플레코를 키우려 한다면 다양한 종류 중에서 내 수조에 알맞은 개체를 찾아야 한다.

피라이바

Piraiba (*Brachyplatystoma filamentosum*)

메기 중에서도 가장 큰 종류에 속하므로 사육을 위해서는 대형 수조와 설비를 갖추어야 한다. 큰 메기는 힘이 세고 힘차게 뛰어오르면 수조 자체를 부숴 버릴 수도 있기 때문에 반드시 튼튼한 아크릴 재질의 수조를 사용해야 한다.

분포	브라질	수온	25℃
먹이	금붕어, 송사리	체장	200cm
수질	pH 6 전후(약연수)	대상	중급자 이상

도라도 캣피시

Dourada catfish (*Brachyplatystoma rousseauxii*)[29]

몸 전체가 반짝거리는 샴페인 골드색을 띤다. 깜짝 놀라면 수조에 크게 부딪히는 경우가 있어 20센티미터 이하의 작은 개체라도 폭이 90센티미터 이상인 대형 수조에서 기르는 것이 좋다.

분포	브라질	수온	24℃
먹이	금붕어, 송사리	체장	100cm
수질	pH 6 전후(약연수)	대상	중급자 이상

슬로버링 캣피시

Slobbering catfish (*Brachyplatystoma platynemum*)[30]

흐르는 물을 선호하는 메기로, 강한 순환 펌프와 대형 여과조가 필요하다. 긴 수염과 편평한 외모가 특징이다. 마르기는 쉽고 통통해지기는 어렵기 때문에 먹이를 충분히 줘야 한다.

분포	아마존강	수온	23℃
먹이	금붕어, 송사리	체장	100cm
수질	pH 6 전후(약연수)	대상	상급자

세일핀 캣피시

Sailfin pim (*Leiarius pictus*)

비교적 온화해서 사육하기 쉬운 대형 메기로, 다른 대형 메기, 시클리드 등과 합사할 수 있다. 그러나 육식성이기 때문에 이들의 절반보다 작은 물고기와는 합사하면 안 된다.

분포	페루	수온	25℃
먹이	금붕어, 송사리, 붉은장구벌레	체장	60cm
수질	pH 6 전후(약연수)	대상	초심자 이상

제브라 셔블노즈 캣피시

Zebra shovelnose catfish (*Brachyplatystoma tigrinum*)[31]

대형 메기 중에서 가장 인기가 많은 종류다. 자연에서는 물살이 빠른 계곡에 서식하기 때문에 급격한 수온 상승과 수질 악화에 영향을 많이 받을 수 있다. 사육하려면 큰 수조와 성능 좋은 여과시설이 꼭 필요하다.

분포	페루	수온	24℃
먹이	금붕어, 송사리	체장	90cm
수질	pH 6 전후(약연수)	대상	상급자

레드테일 캣피시

Red tail catfish (*Phractocehalus hemioliopterus*)

대형 메기의 대표적인 종이다. 유어기의 귀여운 모습에 끌려 입문하는 초심자도 있지만, 다 크면 1미터가 넘기 때문에 사육에 앞서 상당한 각오가 필요하다.

분포	브라질	수온	25℃
먹이	금붕어, 송사리	체장	120cm
수질	pH 6 전후(약연수)	대상	초심자 이상

옥시도라스 캣피시

Ripsaw catfish (*Oxydoras niger*)[32]

가시가 있는 비늘이 일렬로 늘어서 있는 대형 메기다. 사육은 쉬운 편이고, 비교적 얌전해서 다른 어종과도 조화롭게 지낸다. 대형 메기를 처음 키워 보는 초보자에게도 추천할 만한 종이다.

분포	브라질	수온	25℃
먹이	금붕어, 송사리, 붉은장구벌레	체장	80cm
수질	pH 6 전후(약연수)	대상	초심자 이상

오레몬 캣피시

Oremon catfish (*Cephalosilurus fowleri*)[33]

보통 바위 그늘에 숨어 작은 물고기 등이 접근하기를 기다렸다가 잡아먹는다. 수질 변화에 민감하다는 점을 충분히 숙지한 뒤 사육을 결정해야 하지만, 익숙해지면 사육 자체는 어렵지 않다.

분포	페루	수온	25℃
먹이	금붕어, 송사리	체장	50cm
수질	pH 6 전후(약연수)	대상	중급자 이상

바 셔블노즈 캣피시

Barred shovelnose catfish (*Pseudoplatystoma fasciatum*)

'타이거 셔블노즈 캣피시'라고도 불리나, 이는 슈도플라티스토마속의 모든 어류를 지칭하는 명칭이다. '리마 셔블노즈 캣피시'와 체형은 비슷하지만 훨씬 크게 자란다. 최근에는 레드테일 캣피시와 교배한 개량종도 수입되고 있다.

분포	브라질	수온	25℃
먹이	금붕어, 송사리	체장	100cm
수질	pH 6 전후(약연수)	대상	초심자 이상

리마 셔블노즈 캣피시

Duckbill catfish (*Sorubim lima*)

유영 활동을 관찰하기 쉬운 종이다. 10센티미터 크기의 어린 물고기가 많이 수입되고 있다. 유어기에는 송사리와 붉은장구벌레 등을 충분히 주어 야위지 않도록 주의해야 한다.

분포	브라질	수온	25℃
먹이	금붕어, 송사리	체장	60cm
수질	pH 6 전후(약연수)	대상	초심자 이상

파이어우드 캣피시

Firewood catfish (*Sorubimichthys planiceps*)

늘씬한 몸매가 눈길을 끄는 대형 메기다. 유어기에는 배지느러미가 부채처럼 동그랗고 크다. 사육은 어렵지 않지만 수질이 악화되지 않도록 주의해야 한다.

분포	브라질	수온	25℃
먹이	금붕어, 송사리	체장	100cm
수질	pH 6 전후(약연수)	대상	중급자 이상

가이양

Iridescent shark (*Pangasianodon hypophthalmus*)[34]

유영 활동이 활발한 메기로 양식된 개체가 많이 수입되고 있으며, 알비노 개체도 많다. 사육은 어렵지 않지만 60센티미터 정도로 크게 성장한다는 점을 미리 숙지하고 사육을 결정해야 한다.

분포	태국	수온	25℃
먹이	금붕어, 송사리, 붉은장구벌레	체장	60cm
수질	pH 6 전후(약연수)	대상	초심자 이상

밴조 캣피시

Guitarrita catfish (*Bunocephalus coracoideus*)

체형이 현악기 '밴조'와 비슷해 '밴조 캣피시'라는 이름이 붙었으며, 이는 동명의 과에 속하는 종을 통칭한다. 사육에 특별한 기술이 필요하지 않지만, 긁히는 상처에 약하기 때문에 구입할 때 몸 표면에 상처가 없는지 꼼꼼히 살펴봐야 한다.

분포	브라질, 에콰도르	수온	25℃
먹이	송사리, 붉은장구벌레	체장	15cm
수질	pH 6 전후(약연수)	대상	중급자 이상

오토싱클루스

Otocinclus catfish (*Otocinclus arnoldi*)

오토싱클루스속 종을 '오토싱클루스' 또는 '오토싱'이라고 통칭한다. 이끼를 먹이로 하는 수조의 청소부로도 알려져 있다. 수조의 이끼를 완전히 먹어 치우는 것은 아니지만, 어느 정도 효과가 있다고 한다.

분포	브라질	수온	25℃
먹이	태블릿 사료	체장	5cm
수질	pH 6 전후(약연수)	대상	초심자 이상

픽터스 캣피시

Pictus catfish (*Pimelodus pictus*)

길게 늘어뜨린 수염을 움직이면서 수조를 유영하는 작은 메기다. 튼튼한 편이고 사육하기 쉽지만, 수온 변화에 따라 백점병에 걸리기 쉬우므로 주의해야 한다.

분포	콜롬비아	수온	25℃
먹이	과립 사료, 붉은장구벌레 등	체장	13cm
수질	pH 6 전후(약연수)	대상	초심자 이상

범블비 젤리 캣피시

Bumblebee jelly catfish (*Batrochoglanis raninus*)

이름에서 알 수 있듯 꿀벌 같은 노란색과 검은색의 줄무늬가 있는 중간 크기의 메기다. 작은 수조에서도 키울 수 있지만 수질이 급격하게 나빠지면 백점병에 걸리기 쉬우므로 주의해야 한다.

분포	브라질	수온	25℃
먹이	송사리, 붉은장구벌레 등	체장	20cm
수질	pH 6 전후(약연수)	대상	중급자 이상

전기 메기

Electric catfish (*Malapterurus electricus*)

일부 종은 350볼트에 달하는 전기를 발생시키므로 감전되지 않도록 주의해야 한다. 튼튼하고 키우기 쉽지만, 긁힌 상처에 취약하므로 부드러운 그물을 사용해 옮겨야 한다.

분포	콩고	수온	26℃
먹이	금붕어, 송사리, 붉은장구벌레	체장	30cm
수질	pH 6 전후(약연수)	대상	초심자 이상

뻐꾸기 메기

Cuckoo catfish (*Synodontis multipunctatus*)

시노돈티스 종류에 속하는 메기로, 산도가 낮고 경도가 높은 수질에서 서식한다. 비슷한 수질에서 서식하는 시클리드와 합사할 수 있다. 튼튼하기 때문에 사육은 어렵지 않지만, 성능이 좋은 여과 장치를 설치하는 것이 좋다.

분포	탄자니아	수온	26℃
먹이	과립 사료, 붉은장구벌레	체장	20cm
수질	pH 7~8(약경수)	대상	초심자 이상

업사이드다운 캣피시

Upside-down catfish (*Synodontis nigriventris*)

아프리카를 대표하는 메기로, 복부가 위로 향한 상태에서 헤엄치는 것이 특징이다. 튼튼하고 배합 사료도 잘 먹으며 크기가 작아 작은 수조에서도 충분히 사육할 수 있는 입문용 메기 종류다.

분포	콩고민주공화국	수온	25℃
먹이	과립 사료, 붉은장구벌레	체장	7cm
수질	pH 6 전후(약연수)	대상	초심자 이상

콜롬비안 샤크 캣피시

Colombian shark catfish (*Ariopsis seemanni*)[35]

바닷물과 민물이 섞이는 기수 지역에 서식하는 메기로, 유영하려는 성질이 강하다. 튼튼하고 먹이를 가리지 않아 사육 자체는 쉬운 편이지만, 수조의 3분의 1 정도는 해수로 채워야 해서 수질 관리가 까다롭다.

분포	중남미 지역	수온	25℃
먹이	과립 사료, 붉은장구벌레	체장	25cm
수질	pH 6 전후(약경수)	대상	중급자 이상

초콜릿 프로그마우스 캣피시

Chocolate frogmouth catfish (*Chaca bankanensis*)

바닥에서만 지내는 메기로, 그늘에 숨어 있는 경우가 많다. 튼튼해서 사육은 어렵지 않지만, 움직임이 느려 중형 시클리드 종류와 합사시키면 괴롭힘당하거나 공격당하는 경우가 있으므로 주의해야 한다.

분포	인도네시아	수온	25℃
먹이	금붕어, 송사리	체장	20cm
수질	pH 5~6(약연수)	대상	중급자 이상

글라스 캣피시

Glass catfish (*Kryptopterus bicirrhis*)

원래 동남아시아에 서식하는 작은 메기 종류로, 국내에도 많이 수입되고 있다. 사육은 간단한 편이고 무리 지어 유영하는 모습을 보기 위해서는 여러 마리를 기르는 것이 좋다. 수질 악화에 취약하다.

분포	인도네시아, 태국	수온	25℃
먹이	플레이크 사료	체장	10cm
수질	pH 6 전후(약연수)	대상	초심자 이상

스리스트라이프 코리도라스

Threestripe corydoras (*Corydoras trilineatus*)

'코리도라스 줄리'라는 이름으로 판매되는 대부분은 사실 스리스트라이프 코리도라스로, 줄리와는 다른 종이다. 야생 개체와 양식 개체 모두 많이 수입되고 가격 차이도 얼마 나지 않는다. 사육은 쉬운 편이다.

분포	페루	수온	23℃
먹이	과립 사료, 실지렁이	체장	4cm
수질	pH 6 전후(약연수)	대상	초심자 이상

알비노 코리도라스

Albino corydoras (*Corydoras aeneus* var.)

브론즈 코리도라스의 알비노 돌연변이를 품종화한 종이다. 동남아시아 등에서 대량으로 양식되어 흔히 볼 수 있다. 브론즈 코리도라스와 마찬가지로 튼튼하고 사육하기 쉬우며, 수조 내 번식도 가능하다.

분포	개량 품종	수온	25℃
먹이	과립 사료, 실지렁이	체장	6cm
수질	pH 6 전후(약연수)	대상	초심자 이상

스컹크 코리도라스

Skunk corydoras (*Corydoras arcuatus*)

야생 개체가 페루에서 수입되고 있다. 사육은 쉬운 편이고 수조 내 번식도 가능하지만, 야생 개체의 경우 수온이 높아지면 건강상 문제가 생기므로 여름철 수온 상승에 주의해야 한다.

분포	페루	수온	23℃
먹이	과립 사료, 실지렁이	체장	6cm
수질	pH 6 전후(약연수)	대상	초심자 이상

밴디드 코리도라스

Banded corydoras (*Corydoras barbatus*)

가늘고 길쭉한 체형으로 비교적 활발하게 유영하는 종류다. 수초를 뽑아 버리므로 수초가 있는 수조에서 키우려면 수초를 단단히 고정해서 심어 놓아야 한다. 큰 수조에서 사육하는 것이 좋으며 수온이 높아지지 않게 주의해야 한다.

분포	브라질	수온	23℃
먹이	과립 사료, 실지렁이	체장	12cm
수질	pH 6 전후(약연수)	대상	중급자 이상

블루스포티드 코리도라스

Bluespotted corydoras (*Corydoras melanistius*)

온몸을 덮은 섬세한 푸른 점과 아가미 뒤쪽의 반짝이는 빛이 아름답고 기품 있어 보이는 종으로, 에키노도루스 종류의 수초를 심어 놓은 수조에 잘 어울린다. 높은 수온에 약하므로 수온 관리에 유의해야 하지만 전반적인 사육은 어렵지 않은 편이다.

분포	가이아나	수온	23℃
먹이	과립 사료, 실지렁이	체장	5cm
수질	pH 6 전후(약연수)	대상	초심자 이상

밴딧 코리도라스

Bandit corydoras (*Corydoras metae*)

체형이 약간 둥글고 노란빛을 띤다. 판매되는 것은 대부분 야생 개체다. 염분이나 약제에 굉장히 약하므로 질병을 예방하기 위해서는 온도 조절에 신경 쓰고 수질이 급변하지 않도록 주의를 기울여야 한다.

분포	콜롬비아	수온	23℃
먹이	과립 사료, 실지렁이	체장	6cm
수질	pH 6 전후(약연수)	대상	초심자 이상

페퍼드 코리도라스

Peppered corydoras (*Corydoras paleatus*)

코리도라스 종류의 가장 대표적인 종이다. 블루 코리도라스, 페퍼드 코리도라스 등의 이름으로 판매된다. 수컷이 암컷에 비해 지느러미가 좀 더 크고 체형이 가늘기 때문에 성체의 암수 구별은 비교적 쉽다.

분포	브라질	수온	25℃
먹이	과립 사료, 실지렁이	체장	4cm
수질	pH 6 전후(약연수)	대상	초심자 이상

판다 코리도라스

Panda corydoras (*Corydoras panda*)

원래 서식지는 페루지만 동남아시아에서 양식된 개체도 많이 수입되고 있다. 양식된 개체는 사육이 쉬운 편이지만 먹이가 부족하면 쉽게 마르기 때문에 적당량의 실지렁이를 꾸준히 주는 것이 좋다.

분포	페루	수온	23℃
먹이	과립 사료, 실지렁이	체장	5cm
수질	pH 6 전후(약연수)	대상	초심자 이상

스터바이 코리도라스

Sterba's corydoras (*Corydoras sterbai*)

브라질에서 서식하는 야생 개체보다 양식된 개체가 많이 판매되고, 이에 따라 가격도 저렴해졌다. 사육은 어렵지 않지만 깨끗한 수질을 유지하는 것이 관건이다.

분포	브라질	수온	23℃
먹이	과립 사료, 실지렁이	체장	6cm
수질	pH 6 전후(약연수)	대상	초심자 이상

임페리얼 제브라 플레코

Zebra pleco (*Hypancistrus zebra*)

최근 수입되기 시작한 플레코 종류로, 아름답게 생겨 인기가 많다. 야생 개체를 수입하기 때문에 입하 시기가 정해져 있다. 작은 편이어서 사육이 어렵지 않지만, 수질 악화에 취약해 물갈이를 자주 해야 한다.

분포	페루	수온	24℃
먹이	태블릿 사료	체장	10cm
수질	pH 6 전후(약연수)	대상	중급자 이상

세일핀 플레코

Sailfin pleco (*Pterygoplichthys gibbiceps*)[36]

국내에서는 '나비 비파'라고도 불린다. 대체로 동남아시아에서 양식되며, 튼튼해서 사육하기 쉽지만 크게 자라는 편이므로 작은 수조에서는 장기간 사육하기 어렵다.

분포	브라질	수온	26℃
먹이	태블릿 사료	체장	50cm
수질	pH 6 전후(약연수)	대상	초심자 이상

골드 너겟 플레코

Gold nugget pleco (*Baryancistrus xanthellus*)[37]

국내에서는 주로 야생 개체가 유통된다. 노란색을 띠는 지느러미 중앙 부분과 몸 전체를 뒤덮은 노란빛 반점들이 고급스러워 인기가 높다. 수질에 민감하므로 수질이 악화되지 않도록 세심하게 관리해야 한다.

분포	페루	수온	24℃
먹이	태블릿 사료	체장	20cm
수질	pH 6 전후(약연수)	대상	중급자 이상

킹 타이거 플레코

King tiger pleco (*Hypancistrus* spp.)[38]

사육하기 쉬운 작은 크기의 플레코로, 몸 표면의 섬세하고 이국적인 패턴이 특징이다. 히판시스트루스속의 종 정립이 아직 진행 중인 만큼, 개체별로 무늬의 차이가 커서 생김새와 분위기가 매우 다를 수 있다.

분포	브라질	수온	24℃
먹이	태블릿 사료	체장	12cm
수질	pH 6 전후(약연수)	대상	초심자 이상

로열 플레코

Royal pleco (*Panaque nigrolineatus*)

머리 부분이 몸에 비해 크고 체구가 큰 '파나쿠에'라는 플레코 종류를 대표하는 종이다. 개체마다 색깔 차이가 있으며, 줄무늬가 중간에 끊어지는 경우는 '하프스폿', 끊어지지 않는 경우는 '풀스폿'으로 불리기도 한다.

분포	콜롬비아	수온	25℃
먹이	태블릿 사료	체장	30cm
수질	pH 6 전후(약연수)	대상	중급자 이상

페퍼민트 플레코

Peppermint pleco (*Parancistrus nudiventris*)[39]

몸 전체에 줄무늬와 섬세한 점이 있어 이런 이름이 붙었다. 쉽게 구할 수 있으며 튼튼하고 사육하기 쉽다. 수질에도 그다지 민감하지 않아 입문자가 키우기에 좋다.

분포	브라질	수온	25℃
먹이	태블릿 사료	체장	15cm
수질	pH 6 전후(약연수)	대상	초심자 이상

타이거 플레코

Tiger pleco (*Peckoltia vermiculata*)

사육은 쉬우나, 체형이 마른 개체는 회복하기가 매우 어려우므로 복부 상태를 주의 깊게 살펴보고 마른 개체는 구입을 피해야 한다. '타이거 플레코'를 일반명으로 하는 종이 여럿 있으므로, 학명 확인 시 유의해야 한다.

분포	브라질	수온	24℃
먹이	태블릿 사료	체장	10cm
수질	pH 6 전후(약연수)	대상	중급자 이상

스칼렛 트림 플레코

Scarlet-trimmed pleco (*Pseudacanthicus* spp.)

플레코 종류 중 큰 편으로 중후한 느낌을 주며, 대형 어류 애호가 사이에서 인기가 있다. 플레코 종류는 유목도 먹어 치울 만큼 먹성이 좋으므로 전용 배합 사료를 충분히 주어 영양 균형을 유지하는 것이 중요하다.

분포	브라질	수온	25℃
먹이	태블릿 사료	체장	30cm
수질	pH 6 전후(약연수)	대상	중급자 이상

부시노즈 플레코

Bushynose pleco (*Ancistrus lineolatus*)

안시스트러스속 어종의 통칭인 '안시'라고도 부른다. 성숙한 수컷은 암컷에 비해 몸집이 크고 코끝에 수염이 밀집되어 있다. 다른 물고기와도 조화롭게 지내며 사육이 비교적 쉽다. 바위나 유목 사이에 산란해 수컷이 부화할 때까지 지킨다.

분포	남미 북부	수온	25℃
먹이	태블릿 사료	체장	10cm
수질	pH 6 전후(약연수)	대상	초심자 이상

고대어 Ancient Fish

유연하게 헤엄치는 모습과 개성 있는 생김새가 매력적인 고대어 종류. 태고의 역사를 생각하게 해주는 풍채나 풍격이 사람들의 마음을 사로잡아 인기가 많다.

✪ 역동적인 모습으로 시원한 느낌을 주는 고대어

세계 각지에 분포해 '살아 있는 화석'이라고도 불리는 고대어는 몸집이 큰 종류가 많아 성체의 크기를 고려한 사육 설비가 필요하고, 가격이 비싸 누구나 사육할 수 있다고 말하기는 어렵다. 그러나 유연하게 헤엄치는 모습이나 개성 있는 얼굴 생김새 등이 강한 인상을 준다. 이른바 열대어라고 불릴 정도로 선명한 색채를 가진 종은 없지만, 개성 있는 용모로 일반 관상어와는 또 다른 매력을 느끼게 한다.

그중에서도 가장 인기가 많은 아로와나종은 길이가 1미터까지 자라기 때문에 반려동물로 생각하며 키우는 사람도 적지 않다. 치어는 5센티미터 정도로 작지만, 성장이 빠른 개체는 1년에 50센티미터까지 자라기 때문에, 성장하는 모습을 매일 관찰하는 것도 고대어를 키우는 재미 중 하나다.

대형어는 기르기 어렵다는 고정관념이 있지만, 물고기 자체는 튼튼한 경우가 많아 커다란 수조를 비롯해 적합한 환경이 조성되고 일상적인 관리가 제대로 이루어진다면 그렇게 어렵지만은 않다. 물고기 각각의 생활환경을 재현하는 것이 고대어 사육의 요령이므로 고대어가 살아온 특수한 환경에 대한 사전 조사가 중요하다. 또한 아로와나, 피라루쿠 등 CITES*로 보호되는 종도 있으므로 고대어가 희소한 존재라는 것을 확실히 인지하고, 거기에 상응하는 각오로 사육할 것을 명심하자.

마르지 않도록 주의해야 한다.

한번 마르면 원래 상태로 돌려놓는 데 시간이 걸리는 경우가 많다. 영양가 높은 먹이를 주면서 수시로 상태를 확인하는 것이 중요하다.

* CITES: Convention on International Trade in Endangered Species of Wild Fauna and Flora. 멸종위기에 처한 야생 동식물의 국제 거래에 관한 조약.

홍룡(아시아)

Red arowana (*Scleropages formosus* var.)

'혈홍룡'이나 '귤홍룡'이라고 불리는 아시아 아로와나의 총칭이다. 체형은 비교적 날렵하며, 코끝이 올라가 있어 '스푼헤드'라고 불리는 개체도 있다.

분포	동남아시아	수온	26℃
먹이	금붕어, 귀뚜라미, 지네	체장	90cm
수질	pH 6 전후(약연수)	대상	상급자

과배금룡(아시아)

Golden crossback arowana (*Scleropages formosus* var.)

CITES 부속서 II에 포함되어 있는 아시아 아로와나의 변이종이다. 과배금룡(過背金龍)은 주로 말레이시아에서 수입되고 있으며, 수입되는 개체들 중에서도 색채나 형태에 따른 더 세밀한 구분이 가능하다.

분포	동남아시아	수온	26℃
먹이	금붕어, 귀뚜라미, 지네	체장	90cm
수질	pH 6 전후(약연수)	대상	상급자

홍미금룡(아시아)

Redtail golden arowana (*Scleropages formosus* var.)

인도네시아에서 수입되는 '금룡'의 총칭으로, 아시아 아로와나의 변이종이다. 과배금룡과 달리 등 쪽 비늘은 금빛이 아니고, 꼬리는 붉은색이다. 수질 변화에 각별히 신경 써야 한다.

분포	동남아시아	수온	26℃
먹이	금붕어, 귀뚜라미, 지네	체장	90cm
수질	pH 6 전후(약연수)	대상	상급자

자르디니 아로와나(아시아)

Northern saratoga (*Scleropages jardinii*)

아시아 아로와나속으로, 주로 곤충이나 작은 물고기를 먹는다. '바라문디', '사라토가' 등 여러 명칭으로 불리는데, '바라문디'는 큰입선농어(Lates calcarifer)와 혼동될 수 있으므로 주의하자.

분포	파푸아뉴기니	수온	25℃
먹이	붉은장구벌레, 금붕어, 귀뚜라미	체장	90cm
수질	pH 6 전후(약연수)	대상	초심자 이상

블랙 아로와나(아메리카)

Black arowana (*Osteoglossum ferreirai*)

부화 후 유어기에는 몸이 대부분 검은색이지만, 성장하면서 청백색으로 변해 간다. 사육은 어렵지 않지만 동종에 대한 기질이 거칠어 주의가 필요하다. 유어는 12월부터 2월에 걸쳐 수입된다.

분포	브라질	수온	25℃
먹이	붉은장구벌레, 금붕어, 귀뚜라미	체장	100cm
수질	pH 6 전후(약연수)	대상	중급자 이상

실버 아로와나(아메리카)

Silver arowana (*Osteoglossum bicirrhosum*)

남미 북부에 넓게 분포하는 종으로, 현지에서는 식용이나 게임 낚시용으로도 가치가 높다. 산소가 적은 상태에서도 비교적 잘 견디며, 사육도 용이하다.

분포	아마존강	수온	25℃
먹이	붉은장구벌레, 금붕어, 귀뚜라미	체장	120cm
수질	pH 6 전후(약연수)	대상	초심자 이상

민물나비고기

African butterfly fish (*Pantodon buchholzi*)

아로와나 종류인 이 물고기는 이름처럼 커다란 팔 지느러미가 있어, 날치처럼 비행하지는 못해도 수면 위로 뛰어오를 수 있다. 따라서 수조 상부에 틈새가 없도록 해야 한다.

분포	나이지리아	수온	25℃
먹이	붉은장구벌레, 귀뚜라미	체장	10cm
수질	pH 6 전후(약연수)	대상	초심자 이상

오르나티 비키르

Ornate bichir (*Polypterus ornatipinnis*)

비교적 높은 수온을 선호하는 종으로, 수온을 28℃ 전후로 유지하는 것이 좋다. 조밀한 무늬가 특징인데, 6~10센티미터의 유어가 많이 판매되며 튼튼하고 사육하기 쉽다.

분포	콩고, 카메룬	수온	28℃
먹이	붉은장구벌레, 금붕어	체장	60cm
수질	pH 6 전후(약연수)	대상	초심자 이상

새들 비키르

Saddled bichir (*Polypterus endlicheri endlicheri*)

'엔드리케리'라고도 부른다. 폴립테루스의 대표 종으로 오르나티 비키르보다 체형이 납작하다. 자연에서는 나무조개나 갑각류를 주식으로 하기 때문에 수조에서 키울 때도 살아 있는 먹이를 줘야 한다.

분포	수단	수온	25℃
먹이	금붕어, 송사리	체장	75cm
수질	pH 6 전후(약연수)	대상	중급자 이상

오스트레일리아 폐어

Australian lungfish (*Neoceratodus forsteri*)

오스트레일리아 폐어속에 속하는 유일한 종이다. 한 시간에 한 번 수면 위로 얼굴을 내밀고 호흡을 한다. 피부 표면의 습기가 유지되기만 한다면 물 밖에서도 며칠을 살 수 있는 튼튼한 종이다.

분포	오세아니아	수온	25℃
먹이	금붕어, 개구리	체장	170cm
수질	pH 6 전후(약연수)	대상	상급자

표범 폐어

Marbled lungfish (*Protopterus aethiopicus*)

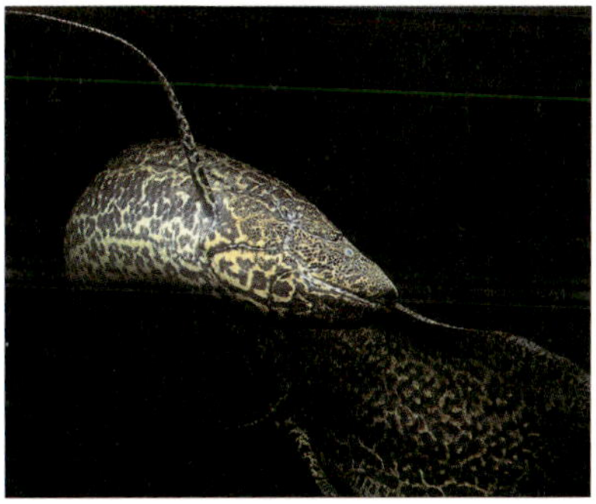

사육 방법은 반점 아프리카 폐어와 같지만 표범 폐어가 더 크다. 건기 동안에는 고치를 만들어 그 안에서 피부 호흡을 실시하면서 건강하게 살아남을 수 있다.

분포	나일강 유역 호수	수온	25℃
먹이	붉은장구벌레, 금붕어	체장	200cm
수질	pH 6 전후(약연수)	대상	중급자 이상

반점 아프리카 폐어

Spotted lungfish (*Protopterus dolloi*)

산란 시 수컷은 알을 지키기 위해 누에고치 안에서 휴면을 하지 않는다는 특징이 있다. 키울 때 물고기의 몸 표면을 손으로 잡지 않는 편이 좋다.

분포	콩고	수온	25℃
먹이	붉은장구벌레, 금붕어	체장	130cm
수질	pH 6 전후(약연수)	대상	중급자 이상

스포티드 가아

Spotted gar (*Lepisosteus oculatus*)

'점박이 가아'라고도 불린다. '플로리다 가아'와 외형적으로 유사해 구별이 필요하다. 15센티미터 정도의 유어가 주로 판매된다. 사육 방법은 어렵지 않지만 1미터가 넘는 성체의 크기에 맞는 수조가 필수적이다.

분포	미국	수온	23℃
먹이	금붕어, 송사리	체장	110cm
수질	pH 6 전후(약연수)	대상	초심자 이상

앨리게이터 가아

Alligator gar (*Atractosteus spatula*)

최대 137킬로그램의 개체가 보호된 기록이 있다. 기본적으로 늪지나 웅덩이에 서식하지만 드물게 연안 바다에서 발견되는 경우도 있다. 상당히 건강하고 사육 자체는 쉬우나 성체 크기를 고려한 큰 수조가 필요하다.

분포	미국, 멕시코	수온	25℃
먹이	금붕어, 송사리	체장	300cm
수질	pH 6 전후(약연수~약경수)	대상	초심자 이상

피라루쿠

Pirarucu (*Arapaima gigas*)

담수어 중에서도 가장 큰 종류로, 최대 200킬로그램이 넘는다. CITES 부속서 II에 포함되어 있고, 야생 개체 수가 격감하고 있지만 현지에서는 번식도 이뤄지고 있다. 수조 사육에는 부적합하다.

분포	브라질	수온	25℃
먹이	금붕어	체장	450cm
수질	pH 6 전후(약연수)	대상	중급자 이상

인디언 나이프피시

Indian featherback (*Chitala chitala*)[40]

'클라운 나이프피시'로 명칭을 혼용하는 경우가 많아 주의가 필요하다. 유어기에는 작고 검은 점 무늬를 띠지만 성장하면 몸 뒤쪽이 당초무늬로 변해 간다. 야행성 어종이고 다른 대형 어종과도 잘 지내므로 사육하기는 쉽다.

분포	태국, 캄보디아	수온	25℃
먹이	금붕어, 송사리	체장	120cm
수질	pH 6 전후(약연수)	대상	초심자 이상

엘리펀트노즈 피시

Peters' elephantnose fish (*Gnathonemus petersii*)

100~2500Hz의 전기를 발생시키는 기관을 가지며, 그것을 이용해 야간에 포식 활동을 한다. 동종 간에 상당히 공격적이며 활발히 헤엄치는 어종을 두려워하므로 합사에는 부적합하다.

분포	나이지리아	수온	25℃
먹이	실지렁이, 붉은장구벌레	체장	35cm
수질	pH 6 전후(약연수)	대상	중급자 이상

헨레이 담수가오리

Bigtooth river stingray (*Potamotrygon henlei*)

'폴카도트 스팅레이'와 외형이 비슷해 구별이 필요하다. 담수에서 살며 수질 변화에 상당히 약하므로 처음 수조에 넣을 때나 물을 갈아 줄 때 세심한 주의가 필요하다.

분포	아마존강	수온	25℃
먹이	붉은장구벌레, 금붕어, 새우	체장	70cm
수질	pH 6 전후(약연수)	대상	상급자

모토로 담수가오리

Ocellate river stingray (*Potamotrygon motoro*)

서식지에 따라 색상이 다양하며 콜롬비아산은 색이 특히 아름답다. 담수가오리 사육 입문자에게도 적합하지만 구입할 때 상처가 있는지 꼼꼼히 살펴봐야 한다.

분포	남미 북부	수온	25℃
먹이	붉은장구벌레, 금붕어, 새우	체장	40cm
수질	pH 6 전후(약연수)	대상	중급자 이상

스텔렛 철갑상어

Sterlet (*Acipenser ruthenus*)

CITES 부속서 II에 포함되어 있다. 높은 수온과 수질 악화에 주의하면 사육은 어렵지 않지만 바닥의 모래를 먹는 경우가 있어 바닥재를 깔지 않는 것이 좋다. 단백질이 40% 이상 함유된 사료를 추천한다.

분포	흑해, 카스피해	수온	20℃
먹이	붉은장구벌레, 펠릿 사료	체장	110cm
수질	pH 7~8(약경수)	대상	중급자 이상

기타 물고기 Others

뉴기니 등 섬 지역에 서식하는 레인보피시는 해수에 기원을 두고 있다. 이러한 어종은 독특한 매력으로 많은 사람을 매료시킨다.

✪ 해수어처럼 아름다운 색을 지닌 레인보피시

레인보피시는 해수에서 기원해 다른 열대어보다 더 화려하고 특별한 모습을 지니고 있는 탓에 초심자들이 입문하기 어렵게 느끼곤 한다. 그러나 대부분의 레인보피시는 수질 관리에만 주의를 기울이면 초심자라도 사육할 수 있다.

레인보피시는 본래 해수에서 서식했던 기원을 가지고 있기 때문에, 염분 농도를 조절해 주면 발색이 좋아지는 경우가 많다. 성격이 비교적 점잖아 다른 담수어와 같이 기르는 것도 가능하다.

산란이나 번식도 비교적 간단하다. 새우나 조개를 먹는 잡식성이며 물고기는 먹지 않는다. 다른 물고기와의 합사도 문제없고, 외형도 관상용으로 손색이 없어 일석이조다. 그러나 수초를 먹는 종도 있으므로 부드러운 수초가 있는 수조에는 적합하지 않다.

수질이나 서식 지역을 확인하자.

레인보피시는 개체에 따라 선호하는 수질이 다르기 때문에 구입할 때 반드시 수질이나 서식 지역을 확인하고 그에 맞춰 관리해야 한다.

스레드핀 레인보피시

Threadfin rainbowfish (*Iriatherina werneri*)

국내에서는 '뉴기니아 레인보피시'라고도 불리나, 같은 관용명의 다른 종이 있어 혼동의 여지가 있다. 강한 수류를 좋아하지 않아 주로 늪이나 하천의 웅덩이에 서식한다. 수컷의 지느러미가 길어 암수 판별이 쉬우며 수조 내 번식도 가능하다.

분포	파푸아뉴기니	수온	25℃
먹이	플레이크 사료, 실지렁이	체장	3cm
수질	pH 7~8(약경수)	대상	초심자 이상

보세마니 레인보피시

Boesemani rainbowfish (*Melanotaenia boesemani*)

레인보피시 중 비교적 큰 편으로, 성숙하면 오렌지빛이 강해지고 통통해진다. 튼튼하고 수질에도 유연하게 적응해 사육하기 쉽다.

분포	인도네시아	수온	25℃
먹이	플레이크 사료, 실지렁이	체장	9cm
수질	pH 7~9(약경수)	대상	초심자 이상

블루 레인보피시

Lake Kutubu rainbowfish (*Melanotaenia lacustris*)

파푸아뉴기니의 고지대 호수에 서식한다. 성장하면 몸의 상반부 색깔이 터키석 색으로 변하는 것이 특징이다. 레인보피시가 기수 지역에 서식한다고 생각하는 경우가 많으나, 대부분 담수어다.

분포	파푸아뉴기니	수온	25℃
먹이	플레이크 사료, 실지렁이	체장	10cm
수질	pH 7~9(약연수)	대상	초심자 이상

네온 드워프 레인보피시

Neon dwarf rainbowfish (*Melanotaenia praecox*)

수컷의 꼬리지느러미, 엉덩이지느러미 등이 붉기 때문에 암수 판별이 가능하며 수조 내 번식도 가능하다. 크기는 작지만 활동적이며 사육이 용이하다.

분포	파푸아뉴기니	수온	25℃
먹이	플레이크 사료, 실지렁이	체장	5cm
수질	pH 6 전후(약연수~약경수)	대상	초심자 이상

스포티드 블루아이

Spotted blue-eye (*Pseudomugil gertrudae*)

소형 레인보피시로, 약간 큰 가슴지느러미 때문에 이러한 학명을 얻었다. 중성에 가까운 연수를 선호하는 편이어서 일반적인 열대어와 합사해도 문제가 없다.

분포	파푸아뉴기니	수온	25℃
먹이	플레이크 사료, 실지렁이	체장	3cm
수질	pH 6 전후(약연수~약경수)	대상	초심자 이상

셀레베스 레인보피시

Celebes rainbowfish (*Marosatherina ladigesi*)[41]

투명한 몸과 푸른 줄이 특징이다. 수조 내 번식도 비교적 간단하다. 산도가 약간 낮은 수질을 선호하나 수질 변화에 유연하게 적응하는 편이므로 다른 물고기와 합사도 가능하다.

분포	인도네시아	수온	25℃
먹이	플레이크 사료, 실지렁이	체장	8cm
수질	pH 7~8(약경수)	대상	초심자 이상

초록 복어

Green pufferfish (*Tetraodon fluviatilis*)

담수, 기수에 서식하는 복어의 대표 종이다. 사육 방법은 어렵지 않지만 기질이 약간 거칠어서 동종을 포함한 다른 물고기를 쿡쿡 찌르는 경우가 있다. 다른 복어와 마찬가지로 독이 있지만 사육에는 문제가 되지 않는다.

분포	동남아시아	수온	25℃
먹이	과립 사료, 붉은장구벌레	체장	15cm
수질	pH 7~9(약경수)	대상	초심자 이상

난쟁이 복어

Dwarf pufferfish (*Carinotetraodon travancoricus*)

담수에 서식하는 상당히 작은 복어다. 최근에는 판매되는 경우도 많고 어렵지 않게 볼 수 있지만, 원래 서식지에서는 야생 개체 수 감소가 염려되고 있다. 사육은 용이하며 깨끗한 물을 선호한다.

분포	인도	수온	25℃
먹이	과립 사료, 붉은장구벌레	체장	3cm
수질	pH 6 전후(약연수~약경수)	대상	초심자 이상

스포티드 스캣

Spotted scat (*Scatophagus argus*)

맹그로브가 무성한 하구에 많이 서식한다. 수조 사육을 하더라도 해수를 1/3 정도 넣어 염분 농도를 조절해 주는 편이 좋다. 건강하며 사육은 쉽지만 등지느러미, 배지느러미, 꼬리지느러미에 독이 있어 주의가 필요하다.

분포	인도, 동남아시아	수온	26℃
먹이	과립 사료, 붉은장구벌레	체장	38cm
수질	pH 7~8(약경수)	대상	초심자 이상

컬러 글라스피시

Colored glass fish (*Parambassis ranga*)[42]

기수어로 판매되는 경우도 있으나 담수어다. '인디언 글라스피시'의 몸 윤곽에 색소를 주입해 각종 색을 띠고 있지만, 장기 사육할 경우 물고기의 신진대사에 의해 색이 바랜다. 사육은 쉬운 편이며 깨끗한 물을 선호한다.

분포	인도	수온	25℃
먹이	과립 사료, 붉은장구벌레	체장	5cm
수질	pH 6~7(약경수)	대상	초심자 이상

말뚝 망둥어

Shuttles mudskipper (*Periophthalmus modestus*)[43]

자연환경을 그대로 구현하는 것이 성공적인 사육의 핵심이다. 배지느러미가 빨판 모양으로 되어 있어 수조의 유리벽을 올라갈 수 있으니 유의해야 한다. 실지렁이 등을 주어도 되지만 식물성 사료를 주는 것이 더 좋다.

분포	인도, 동남아시아	수온	25℃
먹이	플레이크 사료, 실지렁이	체장	15cm
수질	pH 7~8(약경수)	대상	중급자 이상

플래티넘 하프비크

Platinum halfbeak (*Dermogenys pusillus* var.)

하천이나 호수 등 담수에 서식하는 물고기다. 난태생으로 수조 내 번식이 가능하다. 몸이 금색을 띠는 것은 박테리아와 공생하기 때문이다. 얌전해서 다른 물고기와 합사가 가능하다.

분포	말레이시아, 인도네시아	수온	25℃
먹이	붉은장구벌레	체장	7cm
수질	pH 7~8(약경수)	대상	초심자 이상

밴디드 아처피시

Banded archerfish (*Toxotes jaculatrix*)

'물총고기'로 유명한 이 물고기는 기수 지역의 맹그로브가 자라는 장소에 주로 서식한다. 주로 곤충을 먹지만 작은 물고기도 먹기 때문에 합사할 때 주의해야 한다. 상당히 튼튼하며 사육 자체는 용이하다.

분포	인도, 동남아시아	수온	26℃
먹이	과립 사료, 붉은장구벌레	체장	30cm
수질	pH 7~8(약경수)	대상	초심자 이상

샴 타이거피시

Siamese tigerfish (*Datnioides pulcher*)[44]

인기가 높은 대형어로, 튼튼한 편이다. 수입량이 불안정해 구하기 힘든 경우도 있으나, 인도네시아 타이거피시, 뉴기니아 타이거피시 등 자주 볼 수 있는 근연종이 몇 가지 있다.

분포	태국	수온	25℃
먹이	금붕어, 송사리	체장	50cm
수질	pH 6 전후(약연수)	대상	중급자 이상

아마존 리프피시

Amazon leaffish (*Monocirrhus polyacanthus*)

낙엽으로 위장해 작은 물고기를 먹는 것으로 유명하다. 수조에서도 그림자에 숨어 있는 경우가 많다. 연수를 선호하고 수질 변화에 약하기 때문에 구입 시 수질 조정에 주의가 필요하다.

분포	남미 북부	수온	25℃
먹이	송사리	체장	8cm
수질	pH 6 전후(연수)	대상	중급자 이상

피콕 고비

Peacock goby (*Tateurndina ocellicauda*)

열대 우림을 흐르는 소천이나 늪에 서식하는 소형 열대 담수어다. 자연에서는 소규모 무리를 형성해 강 밑을 헤엄쳐 다닌다. 다른 어종과의 합사가 가능하며 사육도 쉽다.

분포	파푸아뉴기니	수온	24℃
먹이	과립 사료, 붉은장구벌레	체장	7cm
수질	pH 6 전후(약연수~약경수)	대상	초심자 이상

범블비 고비

Bumblebee goby (*Brachygobius doriae*)

기수 지역에 서식하는 소형 망둥어로, 이름처럼 꿀벌 같은 모양이 귀엽지만 영역 의식이 강하고 동종에 대해 공격적이다. 사육은 쉽지만 수조의 1/4 정도를 해수로 채우는 것이 바람직하다.

분포	말레이시아, 인도네시아	수온	25℃
먹이	붉은장구벌레	체장	4cm
수질	pH 7~8(약연수)	대상	초심자 이상

호그초커

Hogchoker (*Trinectes maculatus*)[45]

담수 지역에서 서식하는 소형 민물넙치로, 입하량도 비교적 많고 사육하기도 쉽다. 다른 물고기를 공격하는 경우는 드물지만 에인절피시를 공격하는 경우가 많다.

분포	페루	수온	25℃ 전후
먹이	실지렁이, 붉은장구벌레	체장	5cm
수질	pH 6~8(약연수~약경수)	대상	초심자 이상

검은 벌 새우

Black bee shrimp (*Caridina cantonensis* var.)[46]

홍콩 등지에서 많이 수입되는 소형 새우로, 최근 많이 판매되는 종은 이전에 많이 유통되었던 종과 달리 투명하고 검은 줄무늬가 있다. 사육 자체는 쉬우며 수조 내 번식도 가능하다.

분포	중국	수온	25℃
먹이	플레이크 사료	체장	2cm
수질	pH 6 전후(약연수~약경수)	대상	초심자 이상

크리스탈 레드 슈림프

Crystal red shrimp (*Caridina cantonensis* var.)[47]

이전에 사육되던 벌 새우에서 유래한 개량종이다. 사육 방법은 벌 새우와 같다. 비교적 고가인 데다 입하량이 다소 유동적이나, 수초와 잘 어울려 매우 아름답다.

분포	개량 품종	수온	25℃
먹이	플레이크 사료	체장	2cm
수질	pH 6 전후(약연수~약경수)	대상	초심자 이상

야마토 새우

Yamato shrimp (*Caridina multidentata*)[48]

이끼를 즐겨 먹기 때문에 수조의 이끼 청소를 목적으로 사육하는 경우가 많다. 수질 변화에 주의하면 사육은 쉽지만, 번식은 상당히 어렵다.

분포	일본	수온	25℃
먹이	플레이크 사료	체장	5cm
수질	pH 6 전후(약연수)	대상	초심자 이상

밤부 슈림프

Bamboo shrimp (*Atyopsis* spp.)[49]

동남아시아에서 많이 수입되는 민물 새우로, 털이 나 있는 집게발을 이용해 수중에서 플랑크톤을 섭식한다. 수조에서 키우는 경우에는 플레이크 사료를 먹으며, 사육이 간단하다.

분포	아시아 남부 일대	수온	25℃
먹이	플레이크 사료	체장	6cm
수질	pH 6 전후(약연수)	대상	초심자 이상

기수갈고둥

Ishimaki smooth nerite snail (*Clithon retropictus*)

이끼 청소용으로 인기가 높으나, 부드러운 수초를 갉아 먹기도 한다. 염분을 약간 함유한 물에서 사육하는 편이 좋으며 움직임이 활발하다.

분포	일본	수온	24℃
먹이	플레이크 사료	체장	2cm
수질	pH 6 전후(약연수~약경수)	대상	초심자 이상

혼 스네일

Horned nerite snail (*Clithon corona*)[50]

기수 지역에서 서식하는 소형 패류로, 담수에서도 사육이 가능하다. 이끼 청소용으로 사육하는 경우가 많으며 이 밖에도 다양한 갈고둥이 판매 및 사육된다.

분포	서태평양의 열대 기수 지역	수온	23℃ 전후
먹이	플레이크 사료	체장	3cm
수질	pH 6~8(약연수~약경수)	대상	초심자 이상

주

본문에서는 원서의 학명 표기와 병행하여 또는 더 빈번히 사용되는 학명을 소개했고, 그 경우 원서에 제시된 학명은 '주'로 표기했다.

1 원서에는 '*Aphyosemion gardneri*'로 표기되어 있다.
2 원서에는 '*Pseudoepiplatys annulatus*'로 표기되어 있다.
3 원서에는 '*Megalamphodus megalopterus*'로 표기되어 있다.
4 원서에는 '*Megalamphodus sweglesi*'로 표기되어 있다.
5 원서에는 '*Metynnis hypsauchen*'으로 표기되어 있다.
6 원서에는 '*Papiliochromis ramirezi*'로 표기되어 있다.
7 원서에는 '*Cichlasoma octfasciatus*'로 표기되어 있다.
8 원서에는 '*Colisa lalia*'로 표기되어 있다.
9 원서에는 '*Colisa lalia* var.'로 표기되어 있다.
10 원서에는 '*Colisa lalia* var.'로 표기되어 있다.
11 원서에는 '*Trichogaster leeri*'로 표기되어 있다.
12 원서에는 '*Trichogaster trichopterus* var.'로 표기되어 있다.
13 원서에는 '*Trichogaster trichopterus* var.'로 표기되어 있다.
14 원서에는 '*Brachydanio rerio*'로 표기되어 있다.
15 원서에는 '*Brachydanio rerio (frankei)*'로 표기되어 있다.
16 원서에는 '*Microrasbora* sp. *(kubotai)*'로 표기되어 있다.
17 원서에는 '*Puntius lateristriga*'로 표기되어 있다.
18 원서에는 '*Puntius sachsi*'로 표기되어 있다.
19 원서에는 '*Puntius schwanenfeldi*'로 표기되어 있다.
20 원서에는 '*Puntius* sp.'로 표기되어 있다.
21 원서에는 '*Puntius tetrazona*'로 표기되어 있다.
22 원서에는 '*Puntius tetrazona* var.'로 표기되어 있다.
23 원서에는 '*Puntius tetrazona* var.'로 표기되어 있다.
24 원서에는 '*Rasbora axelrodi* var. "*BLUE*"'로 표기되어 있다.
25 원서에는 '*Rasbora dorsiocellata*'로 표기되어 있다.
26 원서에는 '*Rasbora heteromorpha*'로 표기되어 있다.
27 원서에는 '*Botia macracanthus*'로 표기되어 있다.
28 원서에는 '*Botia morleti*'로 표기되어 있다.
29 원서에는 '*Brachyplatystoma flavicans*'로 표기되어 있다.

30 원서에는 '*Goslinia platynema*'로 표기되어 있다.
31 원서에는 '*Merodontotus tigrinus*'로 표기되어 있다.
32 원서에는 '*Pseudodoras niger*'로 표기되어 있다.
33 원서에는 '*Pseudopimelodus fowleri*'로 표기되어 있다.
34 원서에는 '*Pangasius sutchi*'로 표기되어 있다.
35 원서에는 '*Arius jordani*'로 표기되어 있다.
36 원서에는 '*Glyptperichthys gibbiceps*'로 표기되어 있다.
37 원서에는 '*Loricariidae* sp.'로 표기되어 있다.
38 원서에는 '*Loricariidae* sp.'로 표기되어 있다.
39 원서에는 '*Parancistrus* sp.'로 표기되어 있다.
40 원서에는 '*Chitala branchi*'로 표기되어 있다.
41 원서에는 '*Telmatherina ladigesi*'로 표기되어 있다.
42 원서에는 '*Chanda baculis*'로 표기되어 있다.
43 원서에는 '*Periophthalmus valgaris*'로 표기되어 있다.
44 원서에는 '*Coius microlepis*'로 표기되어 있다.
45 원서에는 '*Trinectes fluviatilis*'로 표기되어 있다.
46 원서에는 '*Neocaridina* sp.'로 표기되어 있다.
47 원서에는 '*Neocaridina* sp.'로 표기되어 있다.
48 원서에는 '*Caridina japonica*'로 표기되어 있다.
49 원서에는 '*Atya* sp.'로 표기되어 있다.
50 원서에는 '*Theodoxus corona*'로 표기되어 있다.

수초 Aqua Plant

수조를 꾸밀 때 빠뜨릴 수 없는 수초. 최근에는 수초를 중심으로 하는 수조 디자인도 인기가 있다. 수초별 특징을 알아보고 효과적으로 활용하자.

✪ 다양한 종류 중 자신의 취향에 맞는 수초를 골라 보자.

관상어 못지않게 수초도 종류가 많고 색과 형태가 다양하다. 따라서 자신이 구상해 둔 디자인을 실현하려면 수초의 외형적·생물학적 특성을 파악해 효과적으로 사용해야 한다.

수초는 경엽형 수초와 로제트형 수초로 나눌 수 있다. 경엽형 수초는 줄기에 잎이 난 수초로, 줄기를 짧게 잘라 수조 앞쪽에 배치하거나 길쭉한 특징을 살려 배경에 이용하는 등 다양하게 활용할 수 있다. 다만 빠르게 생장하는 것이 많아 방치해 두면 지저분해 보이므로 정기적으로 손질해 주어야 한다. 로제트형 수초는 시금치처럼 생긴 수초로, 뿌리로부터 방사형으로 성장하는 종류가 많아 잘 배치하면 개성 넘치는 수조를 만들 수 있다. 또 수조의 특징이 되는 유목에 수초나 이끼를 활착시키면 색다른 분위기를 연출할 수 있다.

수초가 잘 자라게 하기 위해서는 광합성에 필요한 조명이나 CO_2 장비를 갖추는 것이 좋다. 또한 수조는 야생 환경에 비해 양분이 적기 때문에 비료 등을 주는 것도 중요하다. 기본적인 기구를 갖추고 정기적으로 손질해야 수초를 잘 기를 수 있다.

자신의 취향에 맞는 수초를 찾아, 구상한 대로 수조를 꾸며 보자.

이끼 발생을 줄이려면?

이끼는 수중의 영양 과다가 원인이 되어 발생하는 경우가 많다. 물을 부지런히 갈고, 비료를 과다하지 않게 주면 이끼 발생을 줄일 수 있다.

세계 지도로 보는 지역별 수초 원산지

수조의 인상을 크게 좌우하는 수초는 빠뜨릴 수 없는 존재다. 수초는 종류에 따라 재배 난이도가 천차만별인데, 이는 원래 서식지의 수질 차이 때문이다. 깨끗한 물에서 자라는 수초는 키우기 어려울 수 있는 반면에 약간의 수질 관리만으로도 잘 자라는 수초도 있다.

블루페탈 워터 릴리

레이스 플랜트

아누비아스 나나

워터 위스테리아

자바 펀

드워프 히그로필라

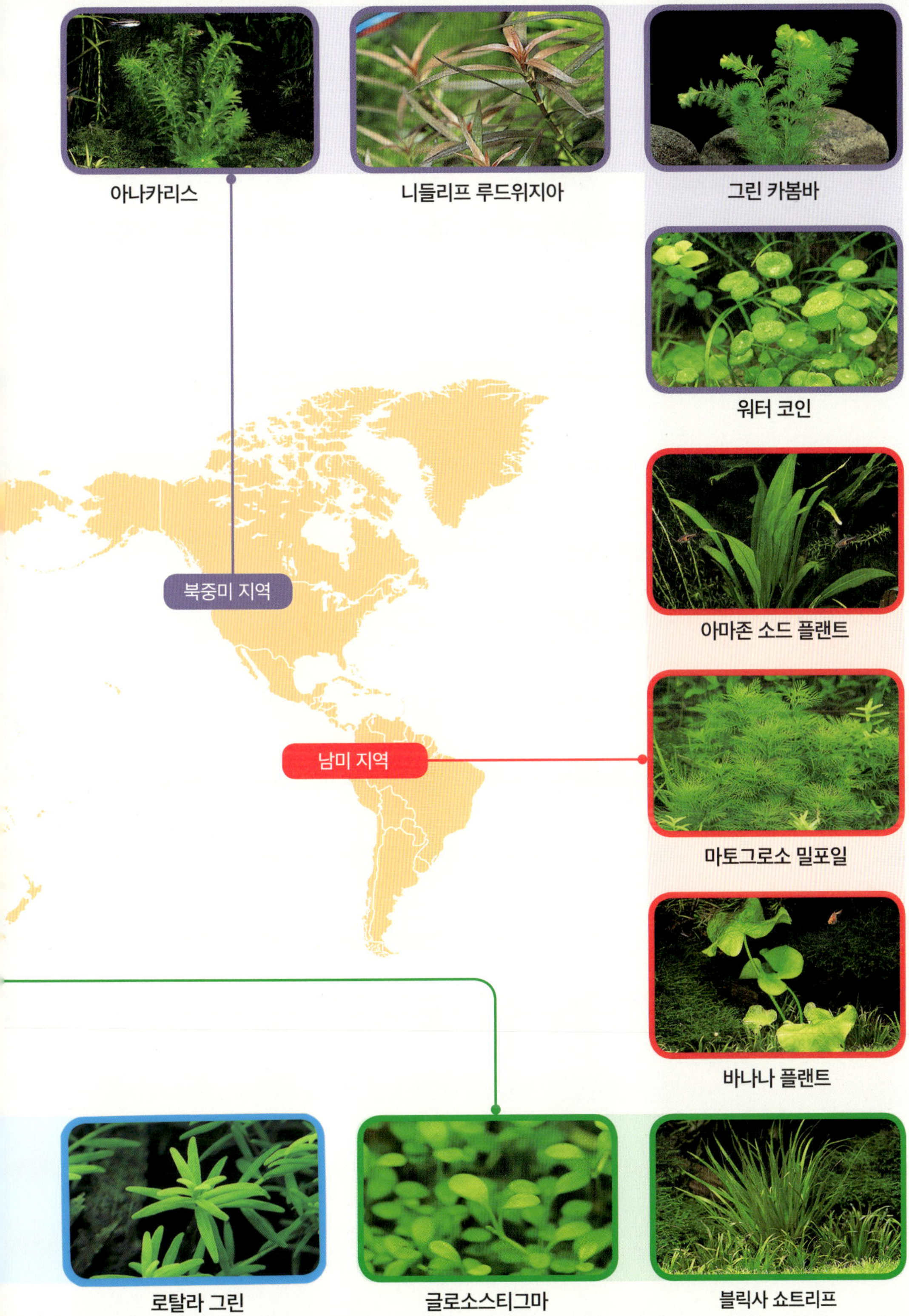
아나카리스
니들리프 루드위지아
그린 카봄바
워터 코인
북중미 지역
아마존 소드 플랜트
남미 지역
마토그로소 밀포일
바나나 플랜트
로탈라 그린
글로소스티그마
블릭사 쇼트리프

워터 히솝(바코파 몬니에리)

Water hyssop (*Bacopa monnieri*)

북미에 많이 서식하는 수초로, 약초로도 이용된다. 특별히 비료를 줄 필요는 없다. 비교적 염분에 강하고 튼튼해서 초심자라도 기르기 쉽다.

형태	경엽형	분포	광범위		
광도	조금 강하게	pH	6~8	CO_2	불필요
수온	20~25℃	대상	초심자 이상		

그린 카봄바(카봄바 카롤리니아나)

Carolina fanwort (*Cabomba caroliniana*)

수련목 어항마름과 어항마름속에 속하는 수초로, 금붕어용 수초나 산란 수초로 사용된다. 흔히 볼 수 있는 수초로, 초심자도 쉽게 기를 수 있다.

형태	경엽형	분포	북미		
광도	보통	pH	6 전후	CO_2	불필요
수온	18~25℃	대상	초심자 이상		

아나카리스(에게리아 덴사)

Large-flowered waterweed (*Egeria densa*)

금붕어용 수초로 판매되며 튼튼하고 대중적인 수초다. 재배하기는 쉽지만 1미터 이상 생장하는 경우도 있어 자주 다듬어 주는 것이 중요하다.

형태	경엽형	분포	북미		
광도	보통	pH	5~8	CO_2	불필요
수온	15~23℃	대상	초심자 이상		

펄 그라스 (헤미안투스 미크란테모이데스)

Pearl grass (*Hemianthus micranthemoides*)

잎이 아름답고 섬세하지만 키우기는 조금 어려우며 저면 비료가 필요하다. 지속적으로 다듬어 주면 원하는 모양으로 가꿀 수 있다.

형태	경엽형	분포	북중미		
광도	조금 강하게	pH	6 전후	CO_2	필수
수온	20~25℃	대상	중급자 이상		

내로리프 템플 플랜트(히그로필라 코스타타)

Narrow-leaf temple plant (*Hygrophila costata*)[1]

줄기의 각 마디에 잎이 2장씩 나기 때문에 '히그로필라 투 템플'이라고도 불린다. 전 세계적으로 재배하며, 성장이 매우 빠르고 튼튼해서 기르기 쉽다.

형태	경엽형	분포	동남아시아		
광도	보통	pH	5~8	CO_2	필요
수온	25℃ 전후	대상	초심자 이상		

워터 위스테리아(히그로필라 디포르미스)

Water wisteria (*Hygrophila difformis*)

생장이 상당히 빠르며 기르기 쉽다. 하지만 생장하면 잎이 상당히 커지기 때문에 심을 때 간격을 3센티미터 이상 두는 것이 좋다.

형태	경엽형	분포	동남아시아		
광도	보통	pH	5~8	CO_2	불필요
수온	25℃ 전후	대상	초심자 이상		

드워프 히그로필라(히그로필라 폴리스페르마)

Dwarf hygrophila (*Hygrophila polysperma*)

수족관에서 자주 볼 수 있는 일반적인 수초로, 초심자에게 적합하다. 특별한 기술을 필요로 하지 않지만 조명이 약하면 잎에 뒤틀림이 생기는 경우가 있다.

형태	경엽형	분포	동남아시아		
광도	보통	pH	6 전후	CO_2	불필요
수온	20~25℃	대상	초심자 이상		

선셋 히그로필라(히그로필라 폴리스페르마 로잔네르빅)

Indian swampweed (*Hygrophila polysperma* var. *rosanervig*)

히그로필라 폴리스페르마의 개량종으로, 잎이 붉게 변하는 모습이 아름답다. 수온과 산도에 잘 적응하기 때문에 초심자가 특별한 기술 없이도 육성할 수 있다.

형태	경엽형	분포	동남아시아		
광도	보통	pH	6 전후	CO_2	불필요
수온	20~25℃	대상	초심자 이상		

암브리아(림노필라 세실리플로라)

Dwarf ambulia (*Limnophila sessiliflora*)

연못이나 늪에 서식하는 여러해살이 수초다. 우리나라와 일본, 중국 일부 지역에 분포한다. 수온과 산도 적응력이 뛰어나 기르기는 쉽지만 지나치게 자라면 뿌리가 썩을 수 있다. 칼륨을 주기적으로 공급해 주는 것이 좋으며, 잎에 백화 현상이 생기는 것을 막기 위해 철분도 공급해 주도록 하자.

형태	경엽형	분포	동남아시아		
광도	조금 강하게	pH	6 전후	CO_2	필요
수온	25℃ 전후	대상	초심자 이상		

니들리프 루드위지아(루드위기아 아르쿠아타)

Needle leaf ludwigia (*Ludwigia arcuata*)

약연수를 선호하는 수초로 초심자도 쉽게 기를 수 있다. 수온은 22℃ 내외를 권장하며, 강한 조명이 필요하다. 조명이 약하면 잎과 잎의 간격이 넓어져 볼품없어진다. 줄기를 꺾어 심으면 번식 가능하며, 후경에 배치해 포인트를 주기에도 좋다.

형태	경엽형	분포	북미		
광도	강하게	pH	6 전후	CO_2	필수
수온	20~25℃	대상	초심자 이상		

다이아몬드 루드위지아(루드위기아 글란둘로사)

Cylindricfruit primrose-willow (*Ludwigia glandulosa*)

약간 뒤틀린 붉은 잎이 특징인데 조명이 약하거나 적절한 CO_2와 영양소가 공급되지 않으면 옅은 초록색이 되는 경우가 있다. CO_2 공급이 필수적이며, 저상 비료는 약간만 주는 것이 좋다.

형태	경엽형	분포	동남아시아		
광도	조금 강하게	pH	6 전후	CO_2	필수
수온	25℃ 전후	대상	중급자 이상		

라지 펄 그라스(미크란테뭄 움브로숨)

Giant baby tears (*Micranthemum umbrosum*)

수평 방향으로 퍼지는 종류로, 전경 식물로 키우기 좋다. 강한 빛과 CO_2를 필요로 하지만, 어느 정도 성장하면 CO_2 없이도 잘 자란다.

형태	경엽형	분포	북중미		
광도	조금 강하게	pH	5~8	CO_2	필수
수온	25℃ 전후	대상	중급자 이상		

마토그로소 밀포일(미리오필룸 마토그로센세 그린)

Matogrosso milfoil (*Myriophyllum mattogrossense* var. *green*)

본래는 잎이 옅은 붉은색을 띠었지만 초록색 단색으로 개량되었다. 줄기가 부러지기 쉬우므로 심을 때 주의가 필요하지만 키우기는 쉬운 편이다.

형태	경엽형	분포	남미		
광도	보통	pH	6 전후	CO_2	필요
수온	25℃ 전후	대상	초심자 이상		

자이언트 레드 로탈라(로탈라 마크란드라)

Giant red rotala (*Rotala macrandra*)

'레드리프 바코파'라고도 불리며, 무척 아름답지만 키우기 어려운 편이다. CO_2를 반드시 공급해 주어야 하며, 심을 때는 2센티미터 이상 간격을 둬야 한다.

형태	경엽형	분포	인도		
광도	강하게	pH	6 전후	CO_2	필수
수온	20~25℃	대상	상급자		

로탈라 그린(로탈라 로툰디폴리아 그린)

Dwarf rotala var. green (*Rotala rotundifolia* var. *green*)

본래는 잎이 붉은색을 띠었지만 초록색 단색으로 개량되었다. 튼튼해서 초심자도 육성 가능하나, 조명이 지나치게 약하면 성장에 문제가 생길 수 있어 광도에 신경을 써야 한다.

형태	경엽형	분포	동남아시아		
광도	조금 강하게	pH	6 전후	CO_2	필요
수온	20~25℃	대상	초심자 이상		

아라과이아 가는마디꽃(로탈라 멕시카나 아라과이아)

Rotala araguaia red cross (*Rotala mexicana* var. *araguaia*)[2]

로탈라 중에서도 인기가 높지만 유통량은 많지 않다. 위로 곧게 자라는 특징이 있다. 길고 가는 잎이 빽빽하게 자라는 것이 매력인데, 이를 유지하기 위해서는 CO_2 공급과 강한 조명이 필요하다. 붉은 색상을 유지하기 위해서는 철분 공급이 필수적이다.

형태	경엽형	분포	남미		
광도	조금 강하게	pH	6 전후	CO_2	필수
수온	20~25℃	대상	중급자 이상		

아누비아스 나나(아누비아스 바르테리 나나)

Anubias nana (*Anubias barteri* var. *nana*)

상당히 인기가 좋으며 유통량도 많은 종이다. 자연환경에서는 나무 그늘에 서식하기 때문에 강한 빛이 필요하지 않으며, 초심자도 기르기 쉽다. 유목이나 바위 등에 활착시키는 편이 좋으며, 활착된 상태로 판매되기도 한다. 성장이 느려 잎에 이끼가 생기는 경우가 있으므로 주의해야 한다.

형태	로제트형	분포	카메룬		
광도	보통	pH	5~8	CO_2	불필요
수온	25℃ 전후	대상	초심자 이상		

아마존 소드 플랜트(에키노도루스 아마조니쿠스)

Amazon sword plant (*Echinodorus amazonicus*)

에키노도루스속 중에서 가장 대중적이다. 보통 수상잎으로 판매되는데, 수조에 심은 뒤 썩는 경우도 있지만 대부분은 이후 새 수중잎을 낸다. 성장이 빠른 편이고, 수돗물을 공급하는 수조에서도 잘 자란다. 포기 나누기로 번식시킬 수 있다.

형태	로제트형	분포	브라질		
광도	보통	pH	6 전후	CO_2	필요
수온	25℃ 전후	대상	초심자 이상		

러플드 소드 플랜트(에키노도루스 마요르)

Ruffled sword plant (*Echinodorus major*)[3]

아마존 소드 플랜트와 유사한 방식으로 기를 수 있다. 한 그루만 심어도 가로로 30센티미터를 넘을 만큼 크게 자라기 때문에 높이가 45센티미터 이상인 수조에서 기르는 것이 바람직하다. 아마존 소드 플랜트와 유사한 모양이지만 잎이 좀 더 크고 주름이 있다. 입자가 곱고 철분이 풍부한 토양에 식재하면 잘 자란다.

형태	로제트형	분포	브라질		
광도	보통	pH	6 전후	CO_2	필요
수온	20~25℃	대상	초심자 이상		

크립토코리네 레그로이(크립토코리네 왈케리 레그로이)

Legro's water trumpet (*Cryptocoryne walkeri* var. *legroi*)

크립토코리네 왈케리의 변종이다. CO_2와 저상 비료를 공급해야 하며, 입자가 고운 흙을 선호하기 때문에 육성이 어려운 편이다. 환경이 변하면 쉽게 녹아 버릴 수 있으니 주의해야 하고 녹아 버린 잎은 즉시 제거하도록 한다.

형태	로제트형	분포	스리랑카		
광도	조금 강하게	pH	6 전후	CO_2	필수
수온	25℃ 전후	대상	중급자 이상		

웬트 워터 트럼펫(크립토코리네 웬드티 그린)

Wendt's water trumpet (*Cryptocoryne wendtii* var. *green*)

키가 크기 때문에 중경이나 후경에 어울리는 종이다. CO_2 공급을 필요로 하지 않고 환경에 상관없이 잘 자라므로 초심자가 키우기에 적합하다. 이 외에 '브라운', '레드미오야' 등으로 불리는 개량종도 있다.

형태	로제트형	분포	스리랑카		
광도	보통	pH	5~8	CO_2	불필요
수온	25℃ 전후	대상	초심자 이상		

마다가스카르 레이스 플랜트(아포노게톤 마다가스카리엔시스)

Madagascar lace plant (*Aponogeton madagascariensis*)

레이스 모양의 큰 잎이 매력적인 종이다. 생각보다 크게 성장하기 때문에 다른 수초와 떨어뜨려 심는 것이 좋다. 찌꺼기나 조류가 잎의 구멍에 쉽게 들러붙으므로 깨끗한 수질을 유지하는 것이 중요하다. 물을 자주 교체할 수 있는 대형 수조에서 단독 수초로 기르는 것을 추천한다.

형태	로제트형	분포	마다가스카르		
광도	보통	pH	6 전후	CO_2	필수
수온	20~25℃	대상	중급자 이상		

드워프 발리스네리아(발리스네리아 아메리카나)

Dwarf vallisneria (*Vallisneria americana*)

상당히 튼튼해 육성하기 쉬운 수초다. 낮은 수온에도 잘 견디며 금붕어용 수초로도 적합하다. 꼬인 모양의 잎이 독특하고 아름답지만 성장이 빨라 수면을 덮어 버리기 때문에 자주 다듬어 줘야 한다. 키가 작기 때문에 소형 수조에서도 키울 수 있다.

형태	로제트형	분포	아시아		
광도	보통	pH	5~8	CO_2	불필요
수온	18~25℃	대상	초심자 이상		

스트레이트 발리스네리아(발리스네리아 스피랄리스)

Straight vallisneria (*Vallisneria spiralis*)

밝은 초록색 수초로, 얇은 끈 형태의 잎이 특징이다. 환경에 적응한 뒤에는 상당히 빨리 성장하며 쉽게 번식한다. 특별한 기술이나 설비 없이도 충분히 육성할 수 있으나, 다듬기 힘들다는 단점이 있다.

형태	로제트형	분포	아시아		
광도	보통	pH	5~8	CO_2	불필요
수온	18~25℃	대상	초심자 이상		

블릭사 쇼트리프(블릭사 노보귀네엔시스)

Blyxa shortleaf (*Blyxa novoguineensis*)

액상 비료를 주면 이끼에 덮여 버리는 경우가 있으므로 저상 비료를 조금 주는 것이 좋다. 충분한 광도와 CO_2를 공급해 주면 붉은 기운이 돌고 잎도 풍성해져 아름답게 자란다. 크기가 크지 않아 중경용 수초로 배치할 수 있다.

형태	로제트형	분포	파푸아뉴기니		
광도	조금 강하게	pH	6 전후	CO_2	필수
수온	18~25℃	대상	중급자 이상		

헤어그라스(엘레오카리스 아키큘라리스)

Needle spikerush (*Eleocharis acicularis*)

우리나라 논이나 습지에서도 자생하는 종으로, 크게 성장하지 않기 때문에 전경용 수초로 인기가 많다. 식재 초기에는 인내가 필요하지만 성장이 시작되면 빨리 불어난다. 광도가 부족하면 웃자라기 때문에 빛을 충분히 주고 자주 다듬어야 단정함을 유지할 수 있다.

형태	사진 참고	분포	광범위		
광도	조금 강하게	pH	6 전후	CO_2	필수
수온	18~25℃	대상	초심자 이상		

글로소스티그마(글로소스티그마 엘라티노이데스)

Glosso (*Glossostigma elatinoides*)

통상 5센티미터 이상 생장하지 않기 때문에 전경용 수초로 많이 심지만 육성하기가 상당히 어렵다. 강한 조명과 CO_2 공급이 필수적이며 그늘진 곳을 피해 분재하는 것이 좋다. 광도가 충분하면 낮고 빽빽하게 퍼져 나가 전경을 채워 준다.

형태	사진 참고	분포	뉴질랜드		
광도	강하게	pH	6 전후	CO_2	필수
수온	20~25℃	대상	상급자		

코브라 그라스(릴라이옵시스 노바이 젤란디아이)

Micro sword (*Lilaeopsis novae-zelandiae*)

꼬인 잎 모양 때문에 '코브라 그라스'라는 이름이 붙었다. 성장이 느리며 가로로 그리 넓게 자라지 않기 때문에 중경에 부분적으로 심는 것이 효과적이다. 이 수초와 성장이 느린 다른 수초를 함께 심지 않는 편이 좋다.

형태	사진 참고	분포	뉴질랜드		
광도	조금 강하게	pH	6 전후	CO_2	필수
수온	18~25℃	대상	중급자 이상		

자바 펀(미크로소룸 프테로푸스)

Java fern (*Microsorum pteropus*)

수질 변화에 쉽게 적응하며 매우 튼튼하다. 높은 수온에 약한 편이지만 쉽게 기를 수 있어 초심자에게 적합하다. 유목이나 바위에 활착시킬 수 있어 쓰임새가 많다. 여름에 수온이 올라갈 때만 주의하면 별다른 어려움 없이 키울 수 있다.

형태	사진 참고	분포	동남아시아		
광도	보통	pH	6 전후	CO_2	불필요
수온	20~25℃	대상	초심자 이상		

물고사리(케라톱테리스 탈릭트로이데스)

Water sprite (*Ceratopteris thalictroides*)

성장이 상당히 빠르며 CO_2를 공급해 줄 필요가 없어 초심자가 기르기에도 좋다. 수중엽은 수상엽에 비해 잎이 가늘고 아름다운 연두색을 띤다. 줄기를 끊어서 물에 띄우거나 바닥에 식재해도 새롭게 뿌리를 내리고 번식한다. 따라서 부상 수초로 쓰이기도 하며, 치어들의 은신처로 쓰기에 좋다.

형태	사진 참고	분포	광범위		
광도	보통	pH	6 전후	CO_2	불필요
수온	25℃ 전후	대상	초심자 이상		

윈델로프 자바 펀(미크로소룸 프테로푸스 윈델로프)

Windelov java fern (*Microsorum pteropus* var. *windelov*)

자바 펀의 개량종으로, 섬세하게 갈라지는 잎이 특이하고 아름답다. 잎 뒷면의 포자 부분에 상처를 내고 뒷면이 위를 향하도록 활착시키면 포자 하나하나에서 새싹이 자라난다. 성장은 느린 편이다. 음성 수초이지만 적당한 광량은 빠른 성장에 도움이 된다.

형태	사진 참고	분포	개량 품종		
광도	보통	pH	6 전후	CO_2	불필요
수온	20~25℃	대상	초심자 이상		

블루페탈 워터 릴리(님파에아 콜로라타)

Blue-petal water lily (*Nymphaea colorata*)

여름에 보랏빛이 도는 청색 꽃이 피는 열대성 수련이다. 주로 관엽식물로 판매되는 경우가 많으나 아쿠아 테라리엄 수조나 연못을 꾸밀 때도 이용된다.

형태	사진 참고	분포	탄자니아		
광도	조금 강하게	pH	6 전후	CO_2	불필요
수온	18~25℃	대상	중급자 이상		

바나나 플랜트(님포이데스 아쿼티카)

Banana plant (*Nymphoides aquatica*)

큰 잎새와 잎 아래에 있는 바나나 모양의 구근이 특징인데, 이 구근은 독이 있어 먹을 수 없다. 강한 조명이 있다면 초심자도 쉽게 기를 수 있다. 잎이 계속 자라서 수면까지 올라가기도 하며, 수명이 짧은 것이 단점이다.

형태	사진 참고	분포	아메리카 대륙		
광도	조금 강하게	pH	6 전후	CO_2	필요
수온	18~25℃	대상	초심자 이상		

워터 코인(히드로코틸레 베르티킬라타)

Whorled pennywort (*Hydrocotyle verticillata*)

히드로코틸레속의 다른 종들도 동일한 일반명을 사용하므로 구별이 필요하다. 키가 작은 귀여운 수초이지만 강한 조명과 CO_2 공급이 필수적이다. 밝은 빛이 없으면 잎이 누렇게 변할 수 있다. 저상 비료를 지나치게 많이 주면 썩어 버리기 때문에 규정량의 반 정도가 적당하다. 화분에 심어 수상에서 키우는 것도 가능하다.

형태	사진 참고	분포	북미		
광도	강하게	pH	6 전후	CO_2	필수
수온	10~25℃	대상	중급자 이상		

베시쿨라리아 모스(베시쿨라리아 암피볼라)

Vesicularia moss (*Vesicularia amphibola*)

성장하면서 삼각형의 윤곽을 보이는 아름다운 수성이끼 종류다. 잘 자라기 위해서는 액상 비료와 CO_2 공급이 필수적이며 조명도 강한 편이 좋다.

형태	이끼형	분포	브라질		
광도	조금 강하게	pH	6 전후	CO_2	필수
수온	20~25℃	대상	중급자 이상		

물긴가지이끼(리키아 플루이탄스)

Floating crystalwort (*Riccia fluitans*)

본래 수면에 떠 있는 식물이므로 수중에서 육성하려면 그물망 등을 사용해 강제로 물에 담가야 한다. 강한 조명과 CO_2 공급이 필요하며 초기에는 수면에서 기르는 것이 편리하다.

형태	이끼형	분포	광범위		
광도	강하게	pH	6 전후	CO_2	필수
수온	18~25℃	대상	중급자 이상		

주

1 원서에는 '*Hygrophila corymbosa* var. *angusti-folia*'로 표기되어 있다.

2 원서에는 '*Rotala* sp. "*ARAGUAIA*"'로 표기되어 있다.

3 원서에는 '*Echinodorus martii*'로 표기되어 있다.

제3장

열대어와 기구 선택 방법

나만의 아쿠아리움을 만들 때 가장 중요한 것은 건강한 열대어를 선택하고 그에 알맞은 수조를 골라 설치하는 것이다. 현명한 선택을 위한 방법과 고려 사항을 알아보자.

Stage 1

열대어 선택 방법

물생활의 시작은 정보 수집부터
열대어 사육은 간단해 보이지만 수조나 기구부터 물고기의 성격까지 알아 둬야 할 것이 많다. 즐거운 물생활을 위한 기본 지식을 익혀 보자.

원하는 수조의 이미지 구체화하기

우선 어떤 측면에 초점을 두어 열대어를 기를 것인지 명확하게 하는 것이 중요하다. 수초나 유목을 배치해 인테리어의 일부로 기르고 싶다거나, 열대어 번식에 도전해 보고 싶다거나, 아로와나를 길러 보고 싶다는 등 자신이 원하는 이미지를 떠올려 보면 기르고 싶은 물고기의 종류가 뚜렷해진다. 나중에 후회하지 않기 위해서라도 자신이 원하는 이미지를 구체화하는 것이 좋다.

다음으로는 수조 크기, 물고기의 수, 수질을 고려해야 한다. 이 세 가지가 균형을 이루지 못하면 고가의 설비를 갖춘다고 해도 물고기 사육에 적합한 환경이 되기 어렵다. 따라서 자신이 그려 본 이미지와 물고기를 기르는 환경이 일치하는지를 철저히 확인하자. 이때 '이 환경이라도 괜찮겠지'라는 막연한 생각을 가지고 있다면 과감히 포기하는 것이 좋다. 물고기도 살아 있는 생물이니 기르기로 결정할 때는 신중해야 한다.

매장을 자주 방문하며 물고기의 모습 관찰하기

초심자의 경우에는 전문적인 지식을 바탕으로 도구나 물고기, 사육 방법 등에 대한 올바른 조언을 해줄 수 있는 전문가를 찾는 것이 중요하다. 주변에 열대어 애호가가 있다면 그 사람에게 물어보는 것이 가장 좋다. 그렇지 않은 경우에는 전문 잡지 등에 소개된 전문점을 돌아보면서 분위기나 직원의 친절함, 물품 구비 정도 등을 고려해 오랫동안 믿고 이용할 수 있는 곳을 찾는 것이 좋다.

또한 자신이 기르려고 생각하는 물고기를 관찰해 두는 것도 잊지 말자. 헤엄치는 모습, 체형과 지느러미, 눈, 아가미 모양 등에 주의하며 관찰하다 보면 건강한 개체를 식별할 수 있게 될 것이다.

구입하면 안 되는 열대어의 특징

- 침착함 없이 헤엄친다.
- 수면에서 뻐끔거린다.
- 동작이 둔하고 무리를 쫓아다니지 않는다.
- 등이나 배가 눈에 띄게 말랐다.
- 배가 극단적으로 부풀어 있다.
- 부자연스러운 자세로 헤엄친다.
- 부자연스러운 장소에 있다.
- 입하된 지 얼마 되지 않았다.

이러한 상태의 물고기는 이상이 있을 가능성이 크다. 다만 종류에 따라 살펴봐야 하는 포인트가 다르기 때문에 기르고 싶은 물고기를 평소에 눈여겨보면서 관찰력을 길러 두자.

종류별 열대어 선택 방법

송사리

난태생 송사리 종류는 비교적 튼튼해서 초보자에게 적합하다. 암수 쌍으로 기르면 번식하는 모습을 볼 수 있다는 점이 매력적이다. 구피의 경우 사육하기 쉬운 개체를 원한다면 외국산보다 국산을 추천한다. 또한 수입 직후의 송사리는 피곤하거나 수질 변화에 따라 컨디션이 흐트러진 경우가 있으므로 지느러미를 똑바로 펴고 활발하게 헤엄치는 개체를 고르는 것이 좋다.

카라신

무리 지어 헤엄치는 모습이 아름다우므로 상태가 좋은 물고기를 5~10마리 한꺼번에 구입하길 권한다. 네온 테트라나 카디날 테트라는 수질 변화에 약해 입하 직후에는 상태가 좋지 않은 개체도 있으니 잘 확인하고 구입하도록 한다.

시클리드

오랜 기간 계속된 번식으로 체형 이상 등을 보이는 경우도 있으니 정상적인 체형의 개체를 선택하자. 또한 매장의 수조 안에서 다른 개체와 싸우다 상처를 입은 개체가 있을 수 있으니 몸에 이상이 없는지 충분히 확인한 다음 구입하자.

아나바스

번식 행동이 독특하므로 암수 쌍으로 사육하며 번식을 시도해 보자. 수조 크기에 따라 다르지만 펄 구라미는 암수 합쳐 10마리 정도를 함께 사육하는 것이 적당하다. 베타는 수컷끼리 거칠게 싸우므로 수컷은 한 마리씩만 사육할 수 있다. 혹시 쌍으로 키우고 싶다면 성격 좋은 암컷을 몇 마리 골라 구입하자.

잉어, 미꾸라지

어리고 건강한 물고기를 15~20마리 함께 구입하는 것이 좋다. 라스보라나 푼티우스는 백점병에 걸려 있는 경우가 있기 때문에 충분히 관찰한 뒤 구입하길 권한다. 미꾸라지 종류는 모래 속으로 파고들 때 입은 상처에서 2차 감염이 일어나는 경우가 많으므로 주의할 필요가 있다.

메기

병에 걸리면 약품을 이용한 치료가 어려우므로 입하 직후의 개체는 피하는 것이 좋다. 플레코 종류는 야위어 있는 개체를 구별하기 어려운 경우가 많으나 배가 지나치게 쏙 들어가 있는 개체는 피하는 편이 좋다. 코리도라스의 번식을 관찰하고 싶다면 암수 섞어 5~10마리를 전용 수조에서 키우는 것이 좋다.

고대어

유어기에는 작아도 성체의 크기는 큰 물고기가 많으므로 이를 염두에 두고 선택하는 것이 중요하다. 야생 개체가 많아 기생충 등에 감염된 개체도 있으니 몸에 이상이 없는지 충분히 살펴보자. 성장 속도가 빠른 종은 1년에 50센티미터 정도 자라는 모습을 볼 수 있다.

기타 물고기

특별한 환경에 서식하는 종류도 많으므로 사전에 잘 조사한 후 구입하길 권한다. 또 수질이나 수온, 개체의 좋고 나쁨에 대해 점원에게 설명을 잘 듣고 선택하는 편이 좋다.

Stage 2

합사가 가능한 열대어

만들고 싶은 아쿠아리움의 이미지가 결정되면 사육할 물고기를 선택한다. 열대어를 한 종류만 기른다면 문제없겠지만, 여러 종류를 합사하고 싶다면 반드시 이들의 조합이 적절한지 생각해야 한다.

각각의 특성을 알고 합사에 도전하자

열대어를 사육하기 시작하면 여러 종류를 기르고 싶어질 수 있다. 열대어도 온화한 물고기나 공격적인 물고기 등 그 성격이 제각각이다. 물론 '육식어와 작은 물고기' 같은 조합을 생각하는 사람은 없을 것이다. 하지만 베타 등은 다른 종류의 물고기에는 무심하지만 동종 동성의 물고기에는 공격적이다. 이처럼 비슷한 크기와 비슷한 성격의 물고기라도 같은 수조에서 사육하기 부적합할 수 있으니 주의가 필요하다.

에인절피시 등은 합사에 적합한 물고기로 인기가 높지만 성장하면 크기가 매우 커지기 때문에 유어기부터 작은 물고기와의 조합을 고려할 필요가 있다.

고민하기 전에 전문점에서 상담해 보자

열대어는 육식성 물고기, 공격성이 있는 물고기, 비늘을 먹는 물고기, 지느러미를 쪼아 대는 물고기 등 가지각색이다. 수초와 함께 기르고 싶다면 열대어끼리의 관계뿐만 아니라 이들이 초식성인지 여부도 염두에 두어야 한다. 물론 만전을 기해 선택한다고 해도 실패하는 일이 발생할 수 있다. 그럴 경우에는 예비 수조를 준비해 심하게 괴롭힘당하거나 상처 입은 물고기를 피난시키는 것이 좋다.

합사에 적합한 열대어 조합

	구피	아프리칸 램프아이	네온 테트라	에인절피시	디스커스	라미레지	할리퀸 라스보라	수마트라 바브	드워프 구라미	페퍼드 코리도라스	세일핀 플레코	글라스 캣피시	타이거 셔블노즈 캣피시	네온 드워프 레인보피시	실버 아로와나
구피	◎														
아프리칸 램프아이	◎	◎													
네온 테트라	◎	◎	◎												
에인절피시	△	×	△	○											
디스커스	△	×	△	○	○										
라미레지	△	△	△	○	△	○									
할리퀸 라스보라	○	◎	◎	△	△	○	◎								
수마트라 바브	×	○	◎	×	△	○	◎	◎							
드워프 구라미	○	○	○	○	○	○	◎	△	◎						
페퍼드 코리도라스	◎	◎	◎	◎	◎	◎	◎	○	◎	◎					
세일핀 플레코	○	○	○	○	△	○	○	○	○	△	◎				
글라스 캣피시	◎	○	○	△	△	○	○	△	○	◎	○	◎			
타이거 셔블노즈 캣피시	×	×	×	×	△	×	×	×	×	×	×	×	○		
네온 드워프 레인보피시	○	○	○	△	△	○	○	○	○	○	○	○	×	◎	
실버 아로와나	×	×	×	×	△	×	×	×	×	×	△	×	○	×	×

※ 물고기의 성장 과정에 따라 상황이 달라질 수 있으니, 자세한 사항은 구입할 때 전문점 등에서 확인하는 것이 좋다.

초보자도 형형색색의 열대어를 합사해 보고 싶은 것은 당연하다.

합사에 적합한 물고기

비슷한 크기의 물고기 고르기

합사는 비슷한 크기의 관상어로 시도하는 것이 기본이며, 크기가 너무 다른 물고기의 합사는 고려하지 않는 편이 좋다. 다만 작은 물고기라도 공격적인 것이 있고 큰 물고기라도 온화한 성격인 것이 있으므로 주의해야 한다.

쉽게 구할 수 있는 네온 테트라, 플래티, 구피 등은 대체로 합사에 적합하다. 합사에 적합한 종인지를 판단하는 기본적인 기준은 식성이다. 플랑크톤을 먹는 종은 항상 무리 지어 이동하며 먹이를 섭취하기 때문에 합사에 적합하다고 할 수 있다. 인공사료인 플레이크를 먹는 종이 이에 해당한다.

수조에 생기는 이끼를 청소해 주는 기특한 친구들

열대어 관리와 별개로 수조에 생기는 이끼 관리는 골치 아픈 일이다. 이런 상황을 조금이나마 도와줄 수 있는 대표적인 생물이 오토싱클루스, 야마토 새우, 민물 달팽이다. 오토싱클루스와 민물 달팽이는 수족관 유리에 생기는 이끼를, 야마토 새우는 돌이나 유목에 생기는 이끼를 먹어 청소한다. 세 종류 모두 성격이 온순해 다른 열대어를 괴롭히는 일이 없고 수조 바닥을 파헤치지도 않는다. 수초를 많이 심은 60센티미터 수조의 경우 오토싱클루스 5~10마리, 야마토 새우 10마리, 민물 달팽이 3마리 정도를 넣어 주면 이끼 발생을 충분히 조절할 수 있다. 그러나 대형 어종과 함께 사육하면 모두 잡아먹히므로 소형 어종을 사육하는 수조에서만 키워야 한다. 또한 이끼를 완벽히 제거해 주는 것은 아니므로 이 세 종류를 넣더라도 수조는 꼭 정기적으로 청소해야 한다.

오토싱클루스

야마토 새우

✠ 초심자를 위한 합사 예시

초식성이거나 물고기 또는 바닥에 가라앉은 먹이를 먹는 종류는 영역 의식이 강하므로 일반적으로 합사에 적합하지 않다. 하지만 종류별 특성이 있으므로 잘 모를 경우 직원에게 물어보는 것이 좋다.

물고기의 기질 고려하기

소형 물고기는 온화하고 합사에 적합한 것이 많지만 호기심이 왕성해 다른 물고기에 위해를 가할 수 있는 종도 있으므로 주의해야 한다. 시클리드 종류는 협조적이지 못한 성격을 가진 것이 많아 베테랑이라도 고생할 수 있으므로 합사를 원한다면 전문점에서 상담한 후에 구입하는 것이 좋다.

아나바스 종류는 베타처럼 같은 종을 공격하는 물고기가 있는가 하면 초콜릿 구라미처럼 겁이 많은 물고기도 있다. 소형 레인보피시 종류는 수질만 맞다면 합사에 적합한 물고기가 많으므로 추천할 만하다.

✽ 물고기 종류별 특징

종류	대표 종	특징
송사리	구피, 플래티, 소드테일, 아프리칸 램프아이	구피와 플래티는 합사에 적합한 종류다. 그러나 세일핀 몰리 등은 자신보다 작은 종을 괴롭힐 수 있다.
카라신	펭귄 테트라, 레몬 테트라, 네온 테트라, 프리스텔라, 펜슬피시	소형 카라신은 협조적인 성격을 가진 종이 많다. 그러나 대형 카라신은 육식성이 많아 합사 전에 반드시 확인해야 한다.
시클리드	에인절피시, 세베럼, 라미레지, 블루 제브라 시클리드	일반적으로 합사하기 쉬운 종으로 알려져 있다. 하지만 잡식성이 강하기 때문에 1~2센티미터 정도의 작은 물고기를 먹어 버리는 경우도 발생한다.
아나바스	드워프 구라미, 마블 구라미, 스리스트라이프 구라미, 초콜릿 구라미	영역 의식이 강한 종류가 많아 합사하기 어렵다. 그래도 합사를 원한다면 큰 수조를 선택하고, 다른 종을 위한 은신처를 많이 마련해야 한다.
잉어, 미꾸라지	펄 다니오, 체리 바브, 알지이터, 할리퀸 라스보라	조화롭게 잘 지내는 종이 많은 편이다. 하지만 수마트라 바브처럼 성격이 거칠어 다른 물고기의 지느러미를 갉아 먹거나 공격하는 종도 있으니 주의해야 한다.
메기	오토싱클루스, 임페리얼 제브라 플레코, 페퍼드 코리도라스, 알비노 코리도라스	코리도라스, 소형 플레코 등은 비교적 합사하기 쉽지만 중대형 메기는 물고기를 잡아먹는 경우가 많아 합사가 불가능하다.
기타	스레드핀 레인보피시, 네온 드워프 레인보피시, 범블비 고비, 컬러 글라스피시	독특한 성격을 가졌거나 특별한 수질 또는 환경을 요구하는 종이 많다. 따라서 각 어종의 성격과 그에 적합한 환경을 숙지한 뒤에 구입하는 것이 바람직하다.

합사에 적합하지 않은 물고기

모든 열대어를 합사할 수 있는 것은 아니다

열대어는 색이나 모습이 아름답고 매력적이지만 겉모습에 반해 이것저것 합사하면 돌이킬 수 없는 상황을 맞을 수도 있으므로 합사할 종을 선택할 때는 신중을 기해야 한다. 물고기를 주식으로 하는 대형 물고기나 다른 열대어를 괴롭히고 공격하는 물고기는 당연히 합사에 적합하지 않다.

카라신의 일종인 피라냐는 대표적인 육식 어종인데, 인공 사료도 잘 먹으므로 단독으로 사육하는 것은 어렵지 않다. 하지만 다른 물고기를 잡아먹고, 최대 30센티미터까지 성장하므로 합사에는 부적합하다.

유형	이유	종류
육식성 물고기	육식성 물고기는 당연히 그 물고기와 비슷하거나 작은 크기의 어종과 합사할 수 없다. 잡식성 어종도 다른 물고기를 먹어 버리는 경우가 있으니 주의해야 한다.	레드테일 캣피시, 붉은 배 피라냐, 아마존 리프피시, 앨리게이터 가아, 버터플라이 피콕 배스, 오스카
공격적 성향의 물고기	일반적으로 영역 의식이 강한 종은 공격적인데, 영역 의식을 가지는 이유에 따라 공격 대상이 다르다. 베타처럼 번식을 목적으로 영역 의식을 가질 경우에는 동종의 수컷에게만 공격성을 보이지만, 잡식성인 시클리드처럼 먹이 확보를 목적으로 영역 의식을 가지는 경우에는 공격 대상의 범위가 넓다.	베타, 플라워 혼, 잭 뎀프시, 엘리펀트노즈 피시, 프론토사
기타	식성이 아주 독특한 경우가 이에 속한다. 로열 플레코처럼 다른 물고기의 몸 표면을 핥아 먹는 습성을 가진 경우가 대표적이다. 소형 어종일지라도 수마트라 바브처럼 호기심이 많아 다른 물고기의 지느러미 등을 쪼아 먹는 성격이라면 합사가 어렵다. 담수가오리 등은 움직임이 느려서 다른 물고기에게 괴롭힘을 당하는 경우가 많다. 이처럼 어종마다 특성이 다르므로 사전에 충분히 알아보고 합사를 결정해야 한다.	로열 플레코, 쿨리 로치, 모토로 담수가오리, 헨레이 담수가오리

다른 물고기의 지느러미나 수초를 갉아 먹는 특성이 있는 몽크호샤도 지느러미가 긴 물고기와 합사할 어종을 찾거나 수조를 수초로 아름답게 꾸미고 싶을 때는 고려하지 않는 것이 좋다. 또한 다른 물고기의 비늘을 먹는 등 먹이 습성이 특별한 종도 있기 때문에 주의해야 한다.

공격성이 있는 물고기를 합사할 때는 조심하자

소형 잉어 종류에도 수마트라 바브같이 호기심이 왕성해 다른 물고기에게 시비를 거는 종이 있다. 시클리드는 전반적으로 온화하지 않은 편이므로 합사를 원한다면 충분히 알아본 뒤 시도해야 한다.

또한 애교가 많아 인기 있는 오스카나 아이스폿 시클리드는 성어가 30센티미터 정도로 큰 편이기 때문에 특히 조심해야 한다.

코리도라스나 플레코를 제외한 중대형 메기는 대부분 육식성이므로 비슷한 크기의 육식 어종 이외에는 합사를 고려하지 않는 것이 좋다. 또한 소형 메기 중에도 성질이 거친 종이 있으니 주의해야 한다.

Stage 3

수조 및 기구의 올바른 선택 방법

올바른 수조 꾸미기는 올바른 도구 선택에서 시작된다

'물고기를 기르는 것은 물을 기르는 것'이라고 할 정도로 열대어 사육에서는 수질 관리가 중요하다. 따라서 수조 및 주변 도구를 잘 선택해야 하는데, 꿈꿔 온 아쿠아리움을 실현하기 위한 올바른 기구 선택법을 알아보자.

수조

목적에 알맞은 수조를 선택하기

수조는 물속 분위기와 환경을 결정하는 가장 중요한 요소다. 그렇기 때문에 예산과 공간이 허락하는 한 가장 좋은 물건을 선택하는 것이 좋다.

수조는 유리, 아크릴, 플라스틱 세 종류가 있다. 유리 수조는 가격이 비싸지 않아 가장 대중적이며, 수조 표면에 상처가 잘 나지 않으므로 초보자에게 추천한다.

아크릴은 유리보다 가공하기 쉬워 원하는 모양과 크기로 주문할 수 있다는 장점이 있다. 유리보다 투명도가 높지만 상대적으로 부드러워 흠집이 생기기 쉽다.

플라스틱 수조는 염화비닐계 투명 수지로 만들어졌으며 크기는 최대 50센티미터 정도로 작은 편이다. 투명도가 낮고 상처가 나기 쉬워 관상용으로는 적합하지 않다. 하지만 병에 걸린 물고기의 치료 및 격리용 또는 번식기에 산란용으로 사용할 수 있고 다른 물고기에게 공격당해 상처를 입은 물고기의 임시 피난처로도 사용할 수 있다.

초보자를 위한 수조 선택 방법

물의 양이 많을수록 수질이 안정적으로 유지되므로 수질 관리 측면만 고려한다면 큰 수조가 편하다고 생각할 수 있다. 하지만 큰 수조는 공간이나 비용 문제뿐만 아니라 물갈이 등 유지·관리가 어렵다는 문제가 있다.

초보자도 어렵지 않게 여러 작업을 할 수 있으려면 텅 빈 상태의 수조를 혼자서 옮길 수 있는지, 설치한 상태에서 수조 내부 곳곳에 손이 닿는지 등을 고려해서 수조의 크기를 결정해야 한다.

이때 초보자가 선택할 수 있는 수조의 크기는 최대 90센티미터 정도다. 수조가 커지면 가격도 높아지므로 가성비와 수질 관리를 모두 챙기고 싶은 열대어 초심자에게는 60센티미터 이하의 유리 수조를 추천한다.

✜ 수조 크기와 무게의 관계

수조 크기(mm)	용량(L)	총중량(Kg)
359 × 220 × 262	20	21
450 × 295 × 300	35	36
600 × 295 × 360	57	60
600 × 450 × 450	105	110
900 × 450 × 450	157	167
1200 × 450 × 480	220	235
1200 × 450 × 600	345	375

*수조 크기는 가로(W) × 세로(D) × 높이(H)

일체형 수조

최근에는 편리하고 간편한 일체형 수조도 출시되고 있다.
크기는 작지만 여과기나 히터, 조명, 에어펌프가 내장되어 있다. 네온 테트라나 구피 등 소형 열대어로 물생활에 입문해 보고 싶거나 예비용 수조를 원하는 사람에게 추천한다.

펌프, 여과기, 조명, 히터 등이 내장된 일체형 수조

기본적인 수조 기구 10종

여과기

유익균이 살기 좋은 환경 만들기

여과기는 물을 여과시켜 깨끗하게 해주는 도구인데, 크게 두 가지 방식이 있다. 하나는 박테리아를 활용해 물고기 배설물 속 유해 물질인 암모니아를 독성이 적은 물질로 바꾸는 생물학적 여과이고, 다른 하나는 물과 함께 흡수한 노폐물을 걸러 내는 물리적 여과다.

유익균은 보통 호기성이어서 산소가 풍부하거나 물이 잘 통과하는 장소를 선호하기 때문에 미세한 틈새가 무수히 많고, 물의 흐름이 효율적이라는 두 가지 조건을 갖춰야 좋은 여과기라고 할 수 있다.

물리적 여과는 부직포 등을 이용해 큰 배설물이나 노폐물을 걸러 내는 유형이 대표적이지만, 활성탄 등을 활용한 소형 수조용 일회용 카트리지식 여과기도 있다.

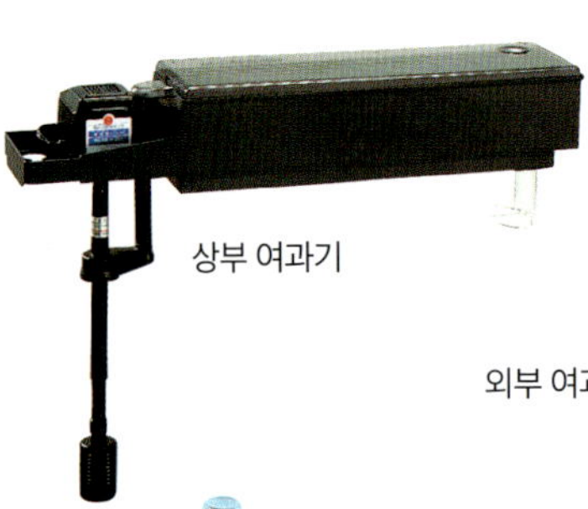
상부 여과기

외부 여과기

수중 여과기

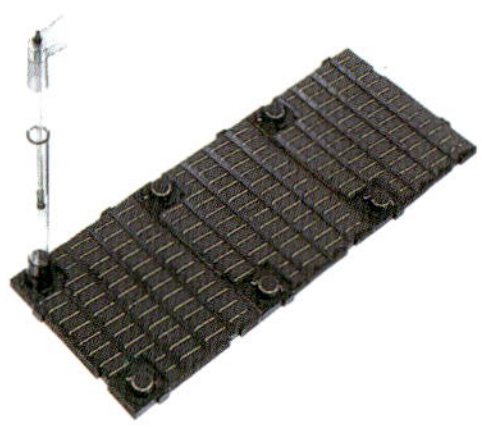
저면 여과기

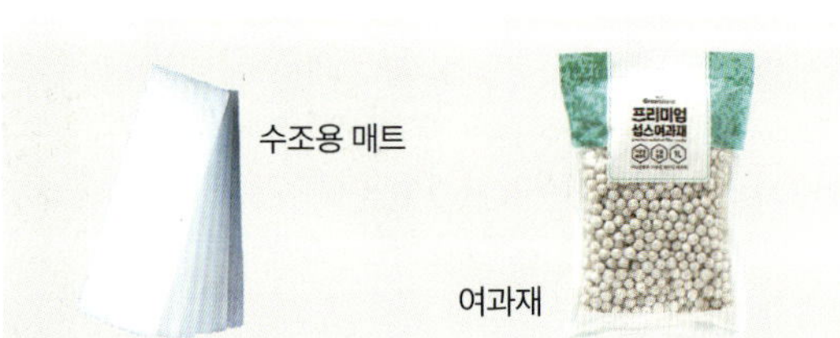
수조용 매트

여과재

여과기의 종류

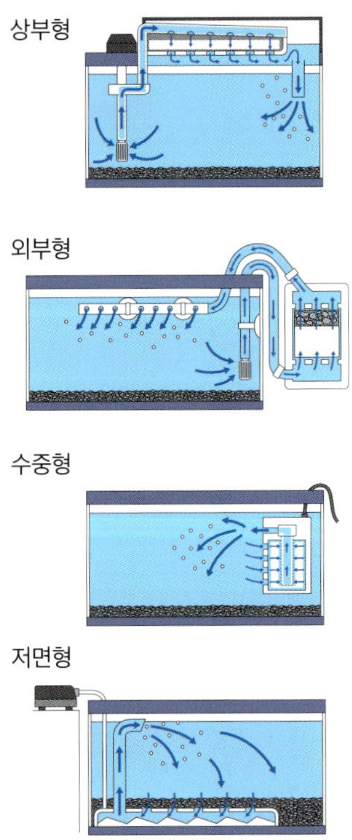

히터

열대어 사육의 필수품

일반적으로 수조용 히터는 석영이나 세라믹 등으로 제작되어 수조 안에 넣을 수 있다. 그런데 대형 어종의 경우 튀어 오르면서 히터를 망가뜨릴 수도 있고, 심할 경우 히터에 닿아 화상을 입을 수도 있다. 이러한 사고를 막기 위해 히터 커버도 함께 구입하는 것이 좋다.

히터의 세기는 보통 와트(W)로 나타내는데, 아래 표에 제시되어 있는 것처럼 수조 크기가 클수록 와트가 높은 히터를 선택하는 것이 좋다.

히터 개수를 늘리는 것도 좋은 방법이다. 200W 히터가 필요한 수조에 100W 히터를 2개 설치하면 한쪽 히터가 고장 나더라도 수온이 어느 정도 유지되기 때문에 더욱 안정적인 수온 관리가 가능하다.

최근 많이 사용되는 전자식 수온계는 센서가 수온을 감지해서 간단한 조작만으로 온도를 설정할 수 있다. 또한 수온계와 히터가 일체형으로 된 제품을 이용하면 초보자와 전문가 모두 안심하고 수온을 관리할 수 있다.

✤ 수조의 크기와 히터의 기준

수조 크기(mm)	용량(L)	히터(W)
359 × 220 × 262	20	75
450 × 295 × 300	35	100
600 × 295 × 360	57	150
600 × 450 × 450	105	200
900 × 450 × 450	157	300
1200 × 450 × 480	220	500
1200 × 450 × 600	345	1000

미니 자동히터 50W

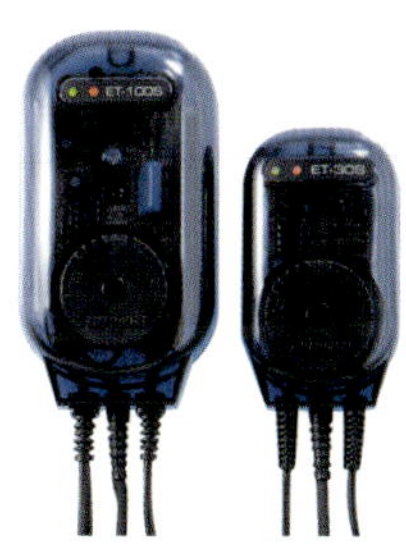
IC 온도 제어 장치

조명

수초의 특성에 맞는 조명 고르기

열대어만 있는 수조라면 조명이 필수는 아니다. 그렇지만 열대어의 특성을 살려 주는 조명을 설치하면 더욱 아름다운 모습을 감상할 수 있다. 살아 있는 수초를 키우고 싶다면 수초 육성에 알맞은 조명을 설치해야 한다. 적절한 빛이 없으면 수초가 광합성을 하지 못해 썩거나 죽어 버릴 수 있기 때문이다.

대표적인 수초용 조명으로 다음 두 종류가 있다.

① 연색성이 높은 3파장 주광색 조명: 일반 형광등보다 밝게 느껴지며 다양한 파장의 빛을 낸다.

② 수초의 광합성에 적합한 파장의 빛을 내는 수초 육성 전용 조명: 광합성 효율을 높여 수초의 성장을 돕지만 붉은빛을 띠는 수초에는 적합하지 않다.

60센티미터 수조용 조명

60센티미터 수조용 조명을 2~4개 설치할 수 있는 커넥터

수초와 열대어를 위한 조명

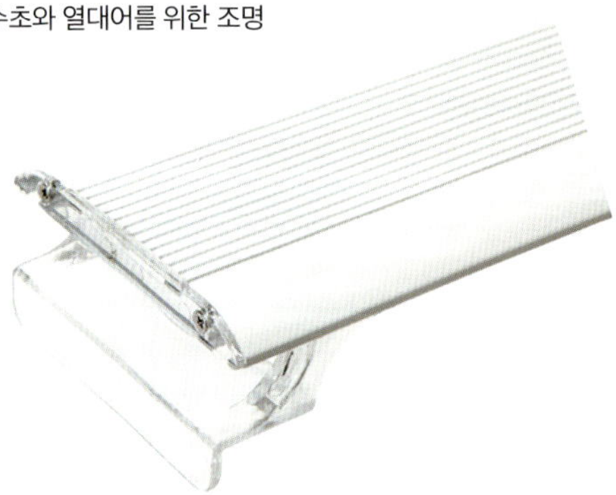

수초 육성 전용 조명은 빛의 파장이 치우쳐 있으므로 보통은 더 밝은 빛을 내는 조명과 함께 사용하는 것이 바람직하다. 즉, 수초 육성 전용 조명을 중심부에 설치하고, 연색성이 높은 3파장 주광색 조명으로 빛을 보충해 주면 수초의 성장을 촉진하는 동시에 열대어와 수초의 색을 더 생생하게 살려 줄 수 있다. 예를 들어 조명을 4개 설치한다면 중심부의 2~3개는 수초 육성 전용으로 고르고, 나머지 1~2개는 연색성이 높은 3파장 주광색 조명으로 선택해 보자.

또한 육안으로는 느껴지지 않지만 유리 수조는 조명의 빛을 상당히 많이 흡수하므로 수초를 싱싱하게 유지하기 위해서는 유리를 항상 청결하게 관리하도록 하자.

에어펌프

두 가지 기능을 하는 에어펌프

에어펌프는 수조에 산소를 공급하는 도구인 동시에 바닥 등에 설치된 여과기를 작동시키는 용도로 사용된다. 물의 산소 포화도를 높이는 역할을 하므로 많은 수의 물고기를 키우는 경우에 더욱 추천된다.

구형 에어펌프는 작동 소음이 귀에 거슬릴 정도였지만, 최근에는 소음이 개선된 제품이 많이 판매되고 있다.

에어펌프의 특성에 따라 특정 깊이나 압력에서만 작동하는 경우도 있으므로 제품을 선택할 때는 수조의 높이를 고려해야 한다.

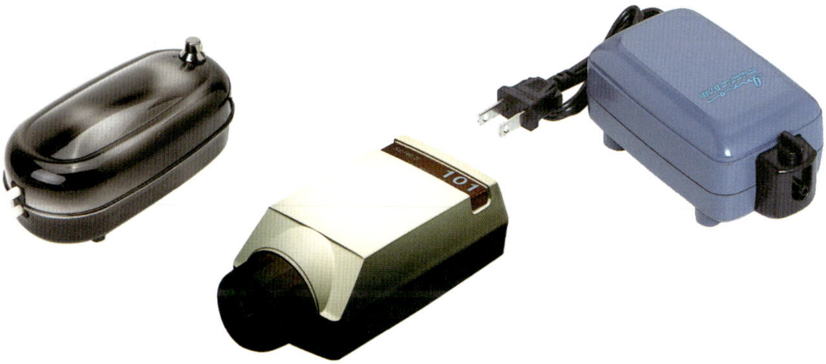

백스크린

수조의 아름다움을 더욱 부각시키는 숨은 조력자

수조 내부를 정성껏 꾸미더라도 배경이 어지러우면 그 아름다움이 가려질 수 있다. 수조 뒷면 유리에 백스크린을 붙이면 훨씬 단정한 느낌을 준다.

백스크린은 검은색, 파란색, 초록색 등 단색부터 수초 느낌을 내는 것까지 다양한 종류가 있으므로 잘 활용하면 손쉽게 수조 이미지에 변화를 줄 수 있다.

바닥재

눈에 띄지 않지만 중요한 역할을 담당하는 바닥재

바닥에 깔려 있는 모래나 흙이 아무런 역할을 하지 않는다고 생각할 수도 있지만 바닥재는 수조의 물을 청결하게 유지하고, 물고기를 안정시키며, 수초의 성장을 도와 수질을 개선하는 등 중요한 역할을 한다. 현재 다양한 종류의 바닥재가 유통되고 있는데, 수초 육성에 특화된 종류도 많다.

열대어 사육에 사용되는 가장 대표적인 바닥재는 '흑사'라고 불리는 검은빛을 띤 모래다. 알갱이 크기가 3~4밀리미터로 섬세하지만 먼지가 적은 편이라 수질에 큰 영향을 미치지 않아서 대부분의 담수어 수조에 사용할 수 있다. 또한 수초가 있는 수조에도 사용할 수 있기 때문에 초보자가 부담 없이 선택할 수 있다. 세척된 모래라 하더라도 수조에 넣기 전에 2~3회 더 세척해 불순물을 걸러 내는 것이 좋다.

'왕사' 혹은 '막사'라고 불리는 강모래도 예로부터 관상용 열대어를 기를 때 자주 사용해 온 바닥재다. 수질에 미치는 영향이 적고 단단한 편이어서 여과재로도 사용할 수 있으며 어떤 물고기 종류에나 사용할 수 있는 만능 바닥재다.

최근 들어 세라믹, 유리, 옥 등 다양한 성분으로 만들어진 모래 자갈도 판매되고 있는데, 대부분 수질에는 영향을 주지 않아 안심하고 사용할 수 있다. 세라믹 모래는 색깔이 다채로워서 원하는 색을 골라 수조를 꾸밀 수 있다. 옥이나 유리 등으로 된 모래 자갈은 독특하고 화려한 수조를 연출할 수 있어 장식용으로는 좋지만, 저면 여과기 위에 깔아 여과재로 사용하기에는 적합하지 않다.

'소일(soil)'이라고 불리는 바닥재도 인기가 많다. 모래와 흙 등을 알갱이 모양으로 만들어 약한 불에 구운 것으로, 수초를 키우는 데 가장 적합한 바닥재다. 소일은 약산성의 산도와 수질을 안정적으로 유지시키는 효과가 있지만 먼지 날림이 심해 바닥 여과재로는 적합하지 않다. 소일은 종류에 따라 사용법이 다르고 장기간 사용하면 부서져서 수질에 영향을 줄 수 있기 때문에 구입하기에 앞서 충분한 상담을 통해 사용법과 주의사항을 숙지한 뒤 선택해야 한다.

강모래. 자연 하천에서 쉽게 볼 수 있는 모래를 말한다. 옅은 갈색부터 황토색까지 다양하다. 장기간 사용해도 수질에 영향을 주지 않는다.

흑사. 장식용 모래로 가장 많이 사용된다. 가격도 저렴하고 초보자가 관리하기 쉬운 편이다. 입자는 3~5mm로 산도나 경도에 크게 영향을 주지 않는다.

세라믹 모래. 세라믹으로 만들어져 장기간 사용해도 입자가 부서지지 않으며, 산도나 경도에도 영향을 주지 않는다.

수초 전용 바닥재. 수초가 성장하는 데 필요한 영양분과 비료가 포함된 특수 모래다.

유리 모래. 수초를 키우는 수조에는 적합하지 않지만 열대어만 기르는 수조에서는 화려한 느낌을 연출할 수 있다.

기타 보조 용품

만일에 대비해 있으면 좋은 물건들

물고기를 옮길 때는 그물이나 뜰채가 필요한데, 물고기의 비늘이나 지느러미가 상하지 않도록 그물망이 섬세하고 부드러운 것을 구입하자. 또한 물고기의 종류와 수조에 맞게 두세 종류를 준비해 두는 것이 좋다.

작은 플라스틱 상자는 임시로 물고기를 격리할 때 편리하게 이용할 수 있다. 상처 입기 쉬운 물고기를 잡을 때는 그물망을 수조에 담가 천천히 물고기를 구석으로 몰아가면서 잡으면 안전하다.

장식으로는 유목이나 바위 같은 천연 제품과 플라스틱이나 세라믹으로 된 것 등이 있다. 나무나 돌을 자연에서 직접 채집할 수도 있지만, 수질에 영향을 주는 경우도 있기 때문에 전용 제품을 구입해서 사용하는 것이 안전하다.

크기와 모양이 다양한 유목 중 마음에 드는 제품을 선택해 보자.

차분한 분위기를 내고 싶다면 바위를 넣는 것도 추천한다.

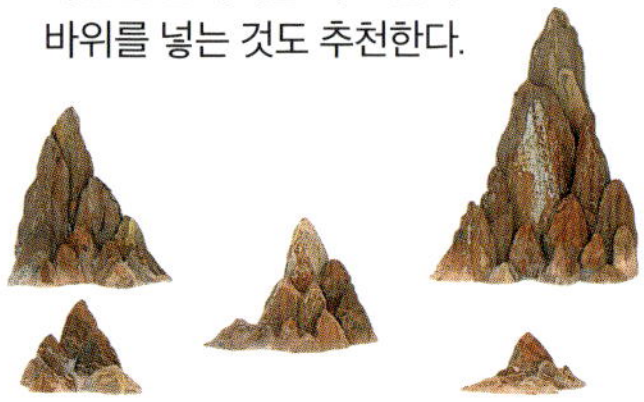

물고기의 놀이터로도 활용되는 도자기 모양의 장식품.

청소 도구

수조를 청결하게 유지하기 위한 필수품

유리 표면에 붙은 이끼를 쉽게 청소할 수 있는 전용 스펀지, 손이 닿지 않는 장소를 청소할 수 있는 손잡이 달린 스펀지 등이 있다. 단, 아크릴 수조는 흠집이 생기기 쉬우므로 부드러운 소재의 도구로 청소해야 한다. 유리 수조의 이끼는 잘 떨어지지 않아 청소하기 어려운데, 이럴 때는 플라스틱으로 만들어진 스크레이퍼를 이용해 보자.

열대어용 뜰채

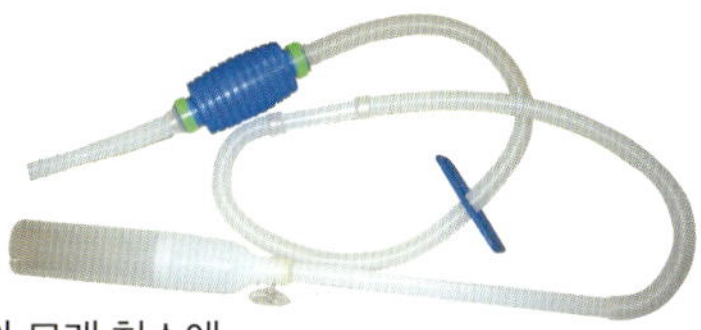

물갈이와 모래 청소에
유용하게 사용할 수 있는 수동 펌프

바닥재를 씻어 내면서 물갈이를 할 수 있는 세척 도구도 있으나 흑사나 강모래처럼 단단하고 알갱이가 굵은 바닥재에만 사용할 수 있다.

또한 수초를 많이 배치한 경우에는 전용 가위와 핀셋 등을 마련하는 것이 좋다.

컨디셔너

컨디셔너로 수조 환경 개선하기

컨디셔너란 수돗물을 열대어 서식에 적합한 수질로 조정해 주는 제품을 말한다. 다양한 종류의 컨디셔너가 있는데, 가장 인기가 많고 잘 사용되는 것은 수돗물에 포함된 염소를 중화하는 제품이다. 가루 제품보다 액상 제품이 더 계량하기 쉬우므로 초보자가 사용하기 편하다.

염소뿐만 아니라 다른 유해 물질까지 한 번에 처리할 수 있는 종합 수질 조정제도 판매되고 있다.

특수 환경에 서식하는 어종을 기르거나 산란을 촉진하려고 하는 경우에는 수질을 특별히 조정할 필요가 있다. 이 경우 산도를 낮추거나 경도를 높이는 제품을 사용하는데, 각각 사용법이 다르기 때문에 설명서를 잘 읽고 사용해야 한다.

지속적인 수질 테스트를 통해 수질이 개선되고 있는지 모니터링하는 것이 중요하다. pH 측정기에는 리트머스 시험지 같은 아날로그 형식도 있고 수치가 디지털로 표시되는 것도 있어 비교적 간단하게 사용할 수 있다. 수질에 민감한 물고기를 키우는 경우 반드시 이러한 측정기를 구비해 놓고 주기적으로 수질을 확인해야 한다.

제4장

일주일 동안 나만의 아쿠아리움 꾸미기

하루 아침에 완벽한 아쿠아리움을 꾸밀 수는 없다. 열대어가 건강하게 헤엄칠 수 있는 아쿠아리움을 만들기 위해서는 충분한 준비 작업이 필요하고 많은 정성을 기울여야 한다. 이 장에서는 일주일 동안 그럴듯한 아쿠아리움을 완성할 수 있는 매뉴얼을 소개한다.

일주일 동안 나만의 아쿠아리움 꾸미기

올바른 순서로 천천히 진행하기

이제 신중하게 골라서 준비한 수조를 설치해 보자. 첫 단계에서 기본이 되는 작업을 충실히 해둔다면 앞으로의 물생활도 문제없이 진행될 것이다.

수조 설치 장소 고르기

열대어를 기르겠다고 결심한 순간, 당장이라도 수조와 열대어를 구입하고 싶은 마음이 드는 것이 당연하지만 구입 전에 꼭 고려해야 할 것들이 있다.

가장 먼저, 수조를 놓을 공간이다. 물과 모래 등의 바닥재를 넣은 수조는 생각보다 무겁다. 폭이 60센티미터인 작은 수조라도 장비를 모두 갖추고 물을 넣으면 무게가 70킬로그램에 육박한다. 성인 남성 한 명과 맞먹는 이 정도 무게를 지탱하려면 튼튼한 받침대가 필요하다.

또한 서랍장이나 신발장 같은 가구 위에 수조를 놓으면 무게 때문에 문이 열리지 않는 경우도 있기 때문에 이 점을 고려해 설치해야 한다.

그리고 받침대는 완전히 평평해야 한다. 조금이라도 울퉁불퉁하면 수조 바닥이 파손되어 물이 샐 수 있으므로 가능하면 수조 전용 받침대를 사용하자.

열대어는 수온 변화에 민감하기 때문에 수조는 온도 변화가 적고 직사광선이 닿지 않는 곳

나만의 아쿠아리움 일주일 완성 스케줄

1일
2일
3일
4일
5일
6일
7일

수조 설치 (1일~3일)
수질 조정과 유익균 번식에 2~3일 정도 소요된다.

수초 심기 (3일~5일)
수초도 종류에 따라 물에 바로 적응하지 못하는 종이 있다.

물고기 넣기 (6일~7일)
물고기가 충격을 받지 않도록 시간을 가지고 점진적으로 물에 적응시킨다.

에 두어야 한다. 창문 옆에 둘 경우 암막 커튼을 설치해 수조에 햇빛이 직접 닿지 않도록 한다.

또한 한 달에 한두 번 물을 갈아 주어야 할 때도 있으므로 수도와 가까운 장소를 고르는 것이 좋다.

반드시 확인해야 할 사항들

- 평평한 장소인가?
- 직사광선이 닿지 않는가?
- 진동이 적은 장소인가?
- 수도와 가까운가?

1~3일째: 수조 설치하기

① 수조와 장비를 깨끗이 세척한다.

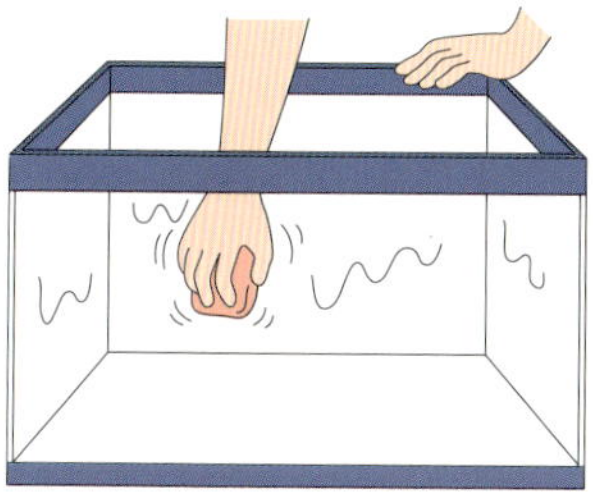

사용 전에 수조와 장비를 깨끗하게 세척한다. 매장에서 구입한 수조와 기자재에는 먼지가 쌓여 있거나 오염 물질이 묻어 있을 수 있기 때문에 그대로 사용해서는 안 된다.

Point

수조를 세척할 때는 세제를 사용하면 안 된다!

② 백스크린을 붙여 색다른 분위기를 연출한다.

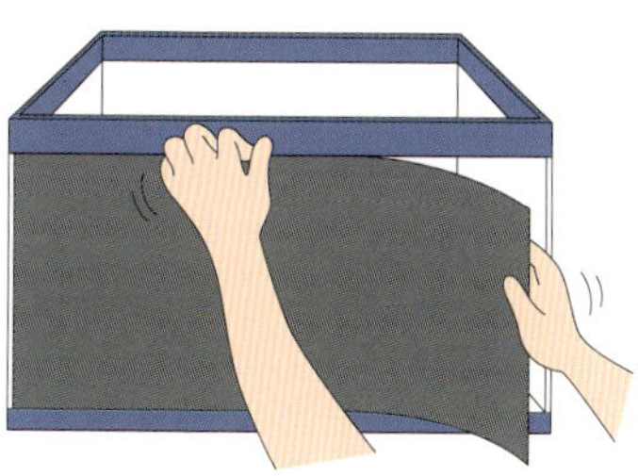

수조 뒷면을 가리고 싶거나 개성 있는 아쿠아리움을 꾸미고 싶다면 자신이 원하는 이미지에 맞는 백스크린을 구입해 붙여도 좋다.

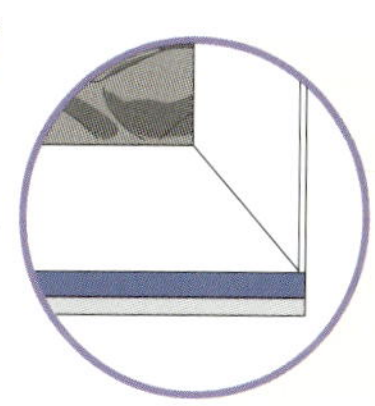

Point

수조 바닥에 얇은 스티로폼 판을 깔아 주면 수조를 보호해 상처를 방지할 수 있고 보온 효과도 기대할 수 있다.

③ 바닥재를 꼼꼼히 세척한다.

흑사나 오색사, 강모래 등은 소분해서 쌀을 씻듯이 씻어 준다. 산호사 등은 손으로 뒤적거리고 살살 섞어 가며 노폐물과 오염 물질을 흘려보내듯이 씻어 준다.

Point

소일이나 수초용 바닥재 중 흙으로 된 제품은 세척 과정에서 유효 성분이 빠져나가는 경우가 있으므로 사용 방법을 잘 확인하고 세척 여부를 결정해야 한다.

④ 바닥재를 수조에 깐다.

저면 여과기를 사용한다면 바닥재를 깔기 전에 여과기를 설치한 뒤 잘 세척한 바닥재를 조심스럽게 넣는다.

⑤ 바닥재를 정돈한다.

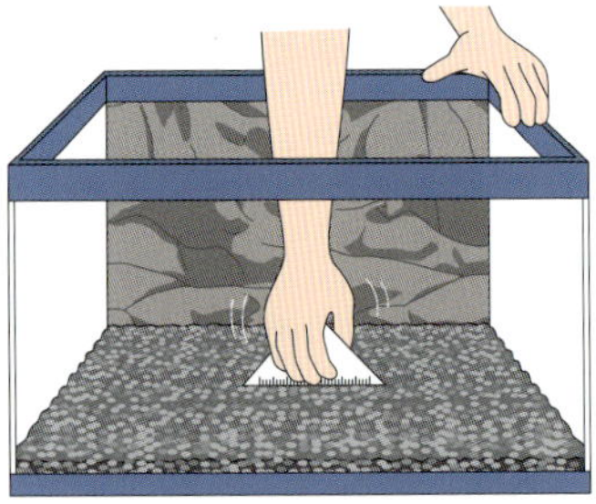

적당한 도구로 바닥재를 고르게 정돈한다.

⑥ 여과기를 설치한다.

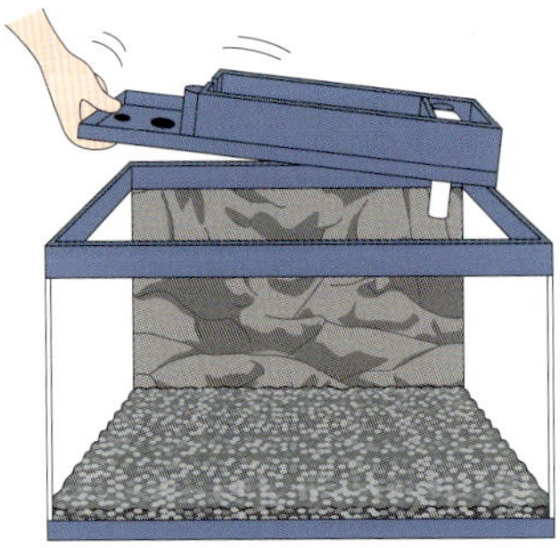

수조의 종류에 따라 다른 종류의 여과기를 선택할 수 있다. 때로는 수조 상부에 여과기 설치 장소가 정해져 있는 제품도 있으므로 설명서를 잘 확인하고 설치한다.

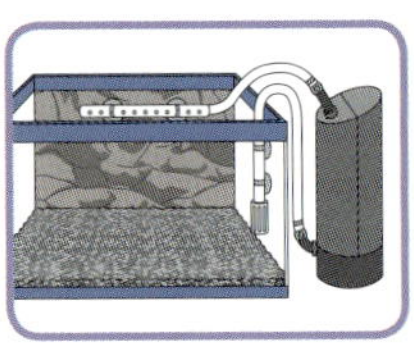

Point

여과기는 형태에 따라 설치 방법이 다르므로 설명서를 잘 읽고 설치해야 한다.

⑦ 여과기에 여과재를 넣는다.

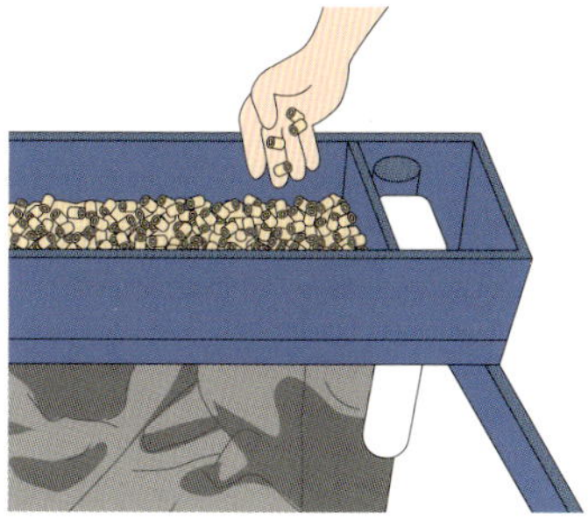

여과기에 여과재가 잘 들어 있어야 수조에 생기는 노폐물을 효과적으로 걸러 낼 수 있다. 수조의 물이 여과재를 통과해 순환하기 때문에 여과재도 물로 깨끗이 세척한 뒤에 넣어야 한다.

⑧ 여과재 위에 솜으로 만든 패드, 울 매트 등을 깔아 준다.

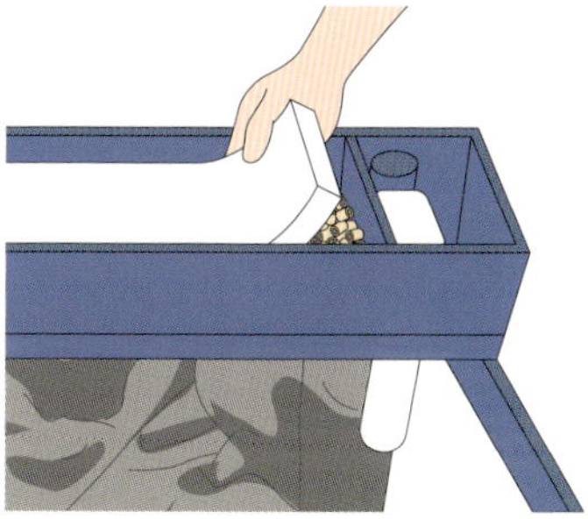

여과재 사이에 빈틈이 생기지 않도록 솜 패드나 울 매트 등을 깔아 주는 것이 좋다.

⑨ 펌프를 설치한다.

물이 여과재를 통과해 수조로 잘 빠져나가는지 확인하면서 펌프를 설치한다.

⑩ 히터를 설치한다.

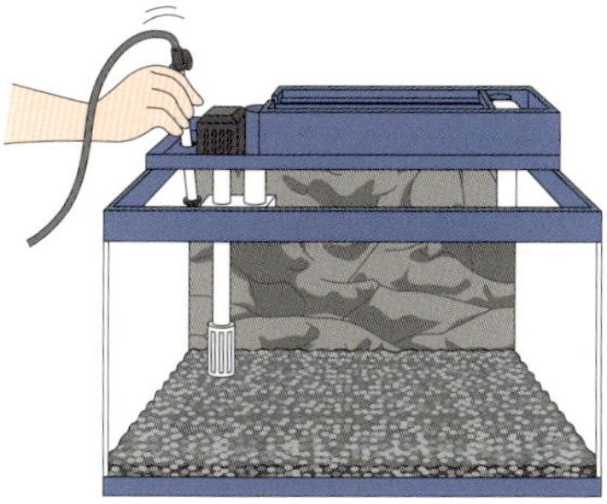

수조 상부에 여과기가 있는 경우 보통 펌프 옆에 히터를 설치할 수 있는 구멍이 뚫려 있다. 물을 채우기 전에는 히터의 전원을 켜지 않는 것이 좋다. 수온을 감지하는 센서는 가능한 한 히터로부터 멀리 떨어진 곳에서 수조 높이의 중간 정도 위치에 설치하는 것을 추천한다.

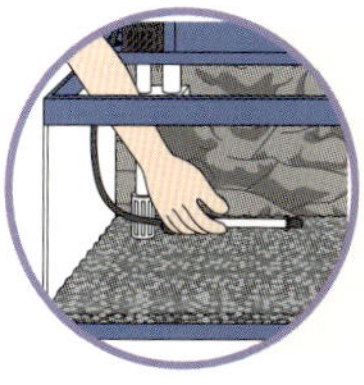

Point

만약 덮개가 없는 히터라면 모래에 가볍게 묻어 주는 느낌으로 설치하면 된다.

⑪ 온도계를 설치한다.

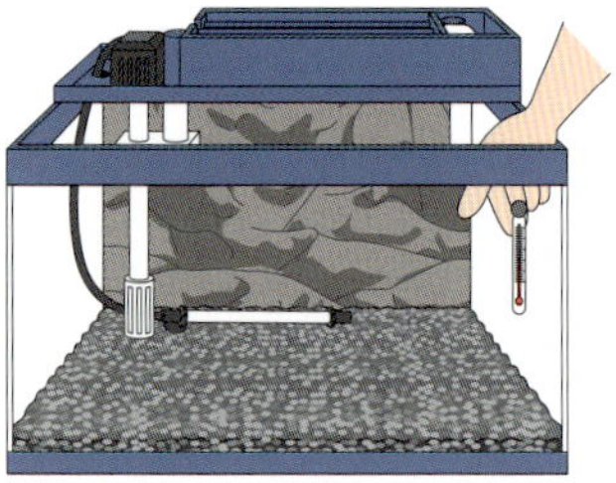

물고기와 수초 모두 수온의 영향을 많이 받으므로 수조의 수온을 매일매일 확인해야 한다. 온도계는 수조 높이의 중간 정도 위치에 잘 보이도록 설치하고 튼튼하게 고정한다.

⑫ 액세서리나 장식품으로 수조를 꾸민다.

머릿속에 그려 본 수조의 이미지에 맞게 유목이나 바위 등 장식품을 배치한다. 이때 수초의 배치를 고려해 장식품의 위치를 정하는 것이 좋다.

⑬ 전체의 4/5 정도 높이까지 물을 채운다.

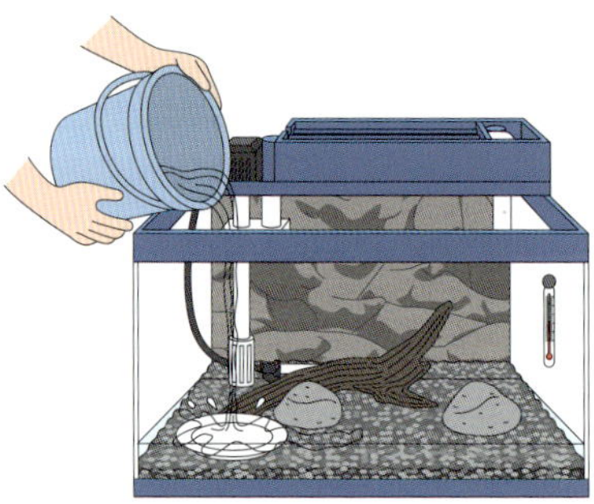

미리 바닥에 접시나 비닐 등을 깔아 설치가 완료된 바닥재와 장식품 등이 흐트러지지 않도록 조심스럽게 물을 채운다.

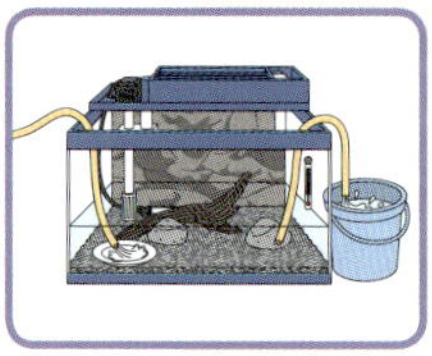

Point

물을 넣을 때 수질이 탁해질 경우, 호스를 2개 사용해서 물을 넣는 동시에 일정량의 물을 빼면 혼탁도를 줄일 수 있다.

⑭ 수조의 뚜껑을 덮어 준다.

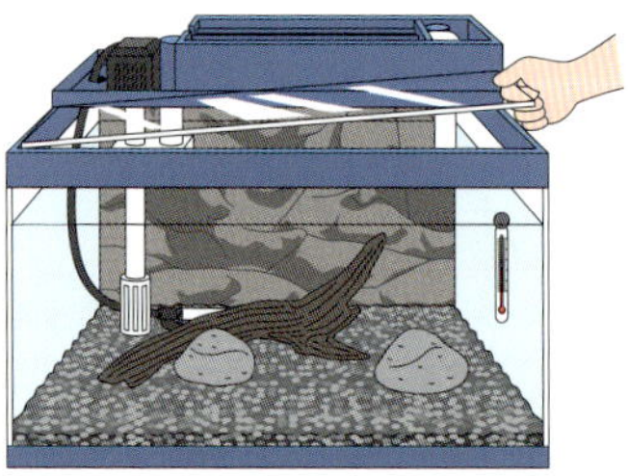

열대어 수조의 온도는 상대적으로 높게 유지되기 때문에 수조의 물이 증발하기 쉽다. 증발을 막기 위해 뚜껑을 제대로 덮어 주는 것이 좋다.

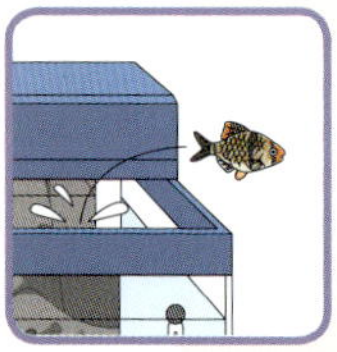

Point

수면 위로 뛰어오르는 습성을 가진 물고기도 있다. 이때 유리 덮개를 덮어 주면 물고기가 수조 밖으로 튀어 나가는 것을 방지할 수 있다.

⑮ 조명을 설치한다.

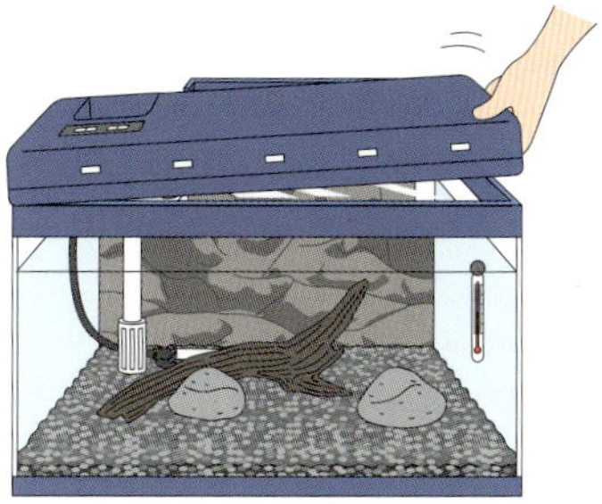

조명을 제대로 고정하지 않으면 수조로 떨어져 열대어나 수초가 상처를 입기도 한다. 설치한 뒤에도 주기적으로 잘 고정되어 있는지 확인하는 것이 좋다.

⑯ 여과기의 전원을 켠다.

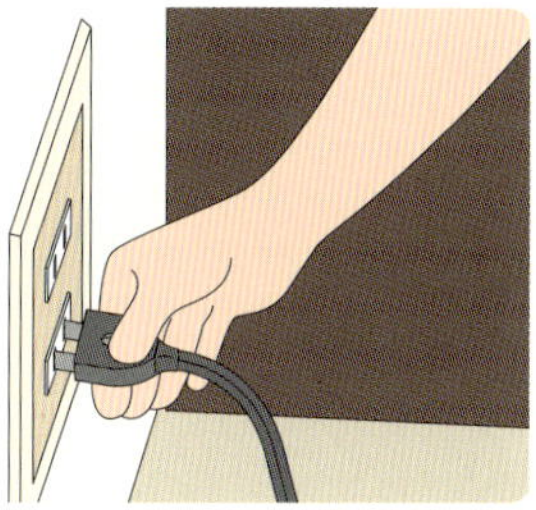

물이 잘 흐르는지, 밖으로 넘치지는 않는지 확인하며 수조 거의 끝까지 물을 마저 채운다. 그런 다음 자동 수온 조절계의 전원을 연결해 수온 조절이 잘되는지 확인한다.

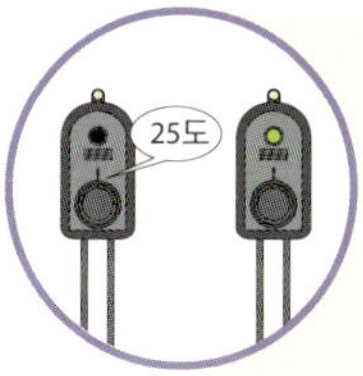

Point

자동 수온 조절계의 온도는 키우고자 하는 열대어에 맞게 설정해야 한다. 그 온도 이하로 수온이 내려갔을 때 본체의 표시등이 잘 켜지는지, 히터가 제대로 작동하는지 확인한다. 표시등은 제품에 따라 다르므로 설명서를 잘 확인해야 한다.

⑰ 히터가 잘 작동하는지 확인한다.

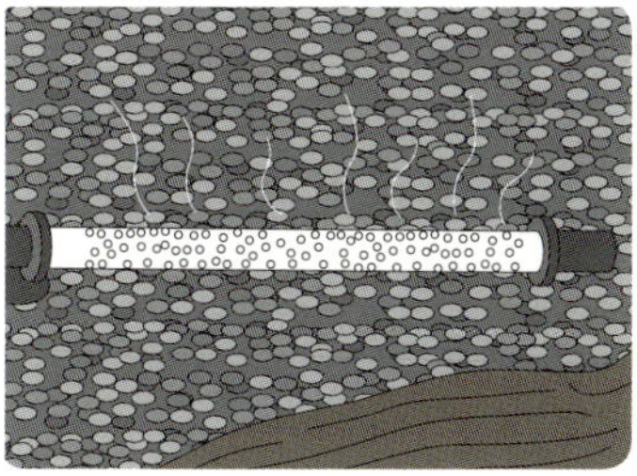

자동 수온 조절계가 수조의 수온이 설정 온도보다 낮다고 감지하면 히터가 켜진다. 히터가 작동하면 잠시 뒤 기포가 나오기 시작할 것이다. 수온에 따라 장치가 제대로 작동하는지 확인한다.

⑱ 펌프가 잘 작동하는지 확인한다.

펌프에서 물이 일정한 강도로 흐르는지 확인한다. 만일 흐르지 않는다면 펌프에 표시된 수위까지 물이 충분히 닿아 있는지 확인한다.

⑲ 시간을 두고 수온이 잘 유지되는지 확인한다.

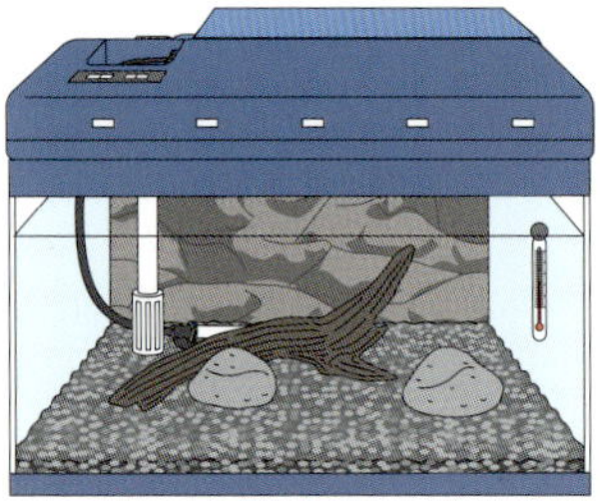

약 한 시간 간격으로 수온이 설정한 온도에 맞게 안정적으로 유지되는지 온도계를 확인한다. 반나절 동안 온도가 일정하면 잘 작동한다고 판단할 수 있다.

⑳ 유익균과 컨디셔너를 첨가한다.

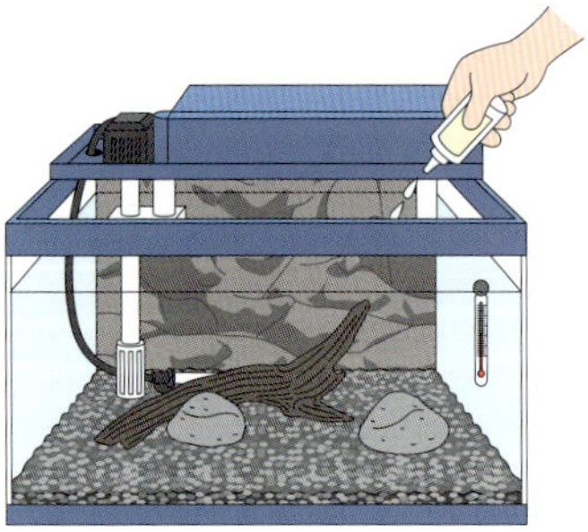

수질을 조정해 주는 컨디셔너나 석회 관리 용품을 첨가한다. 여과재에 서식할 유익한 박테리아 등도 이 시점에 넣어 주면 된다.

수조를 잘 꾸미는 방법 PART 1

자신이 원하는 수조의 이미지를 머릿속에 그려 보자

수조를 꾸밀 때 가장 중요한 것은 원하는 수조에 대한 명확한 이미지를 마음속에 그리는 것이다. 평소에 전문 잡지에 실린 사진 등을 눈여겨보고, 아쿠아리움 전문점에 설치된 수조 등을 자주 관찰하면서 마음에 드는 점을 기록해 두는 것이 좋다.

손으로 직접 수조를 그려 보는 것도 도움이 된다. 이때 전체적인 이미지, 위에서 본 모습, 대략적인 치수, 심으려는 수초의 종류 등을 함께 적어 놓는다.

이렇게 직접 그려 보고 자세히 적다 보면, 문제점을 미리 파악할 수도 있고 필요한 장식품 등을 확실히 할 수 있어 자신이 꿈꿔 왔던 모습으로 수조를 꾸밀 확률이 높아진다.

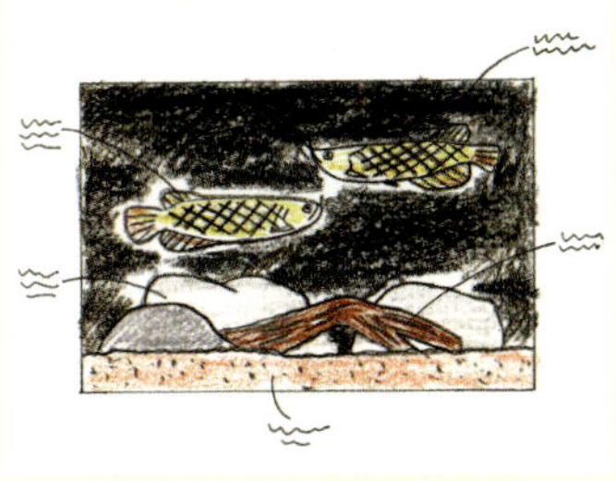

수조에 사용하면 안 되는 소재: 패류, 블록, 산호, 생목

자신이 생각한 이미지에 적합할지라도 수조에는 적합하지 않은 소재가 있으므로 주의해야 한다. 우선 산호나 조개 등은 수조에 넣으면 수질이 알칼리화되기 때문에 중성에서 약산성을 선호하는 담수어나 수초의 성장을 방해할 수 있다. 같은 이유로 콘크리트나 석회석도 사용하면 안 된다. 또한 생목이나 합판은 유해 물질이 나오는 경우가 많으므로 잘 확인하고 구입해야 한다.

수조를 잘 꾸미는 방법 PART 2

입체감 있는 수조를 꾸며 보자

아쿠아리움 전문점에서 입체적으로 꾸며진 수조를 보면 한 번쯤 내 수조에도 입체감을 더하고 싶다는 마음이 생길 것이다. 수조에 입체감을 주는 것이 어렵게 느껴질 수 있지만, 플라스틱판과 접착제, 그물망만 있다면 초보자도 도전할 수 있다. 만드는 방법은 간단하다. 수조 바닥에 플라스틱판을 설치하고 제방을 만들어 높낮이에 변화를 주면 된다.

플라스틱판을 설치할 때는 실리콘으로 만들어진 접착제가 독성이 적으므로 안심하고 사용할 수 있다.

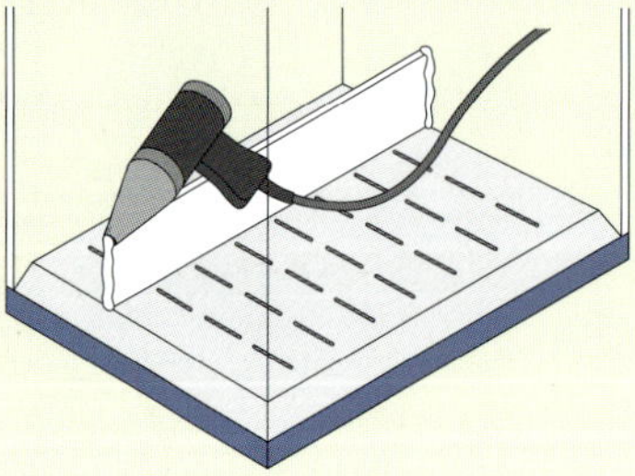

① 수조 저면 여과기 위에 플라스틱판을 세우고 수조 유리에 실리콘 접착제로 붙여 제방을 만든다.

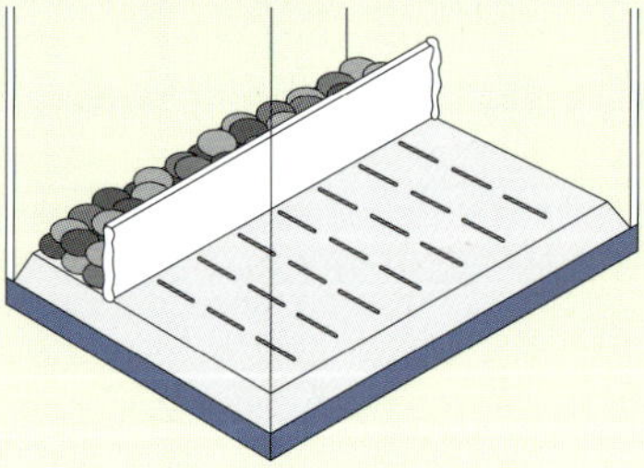

② 윗단에는 물이 잘 흐르도록 입자가 큰 자갈을 배열한다.

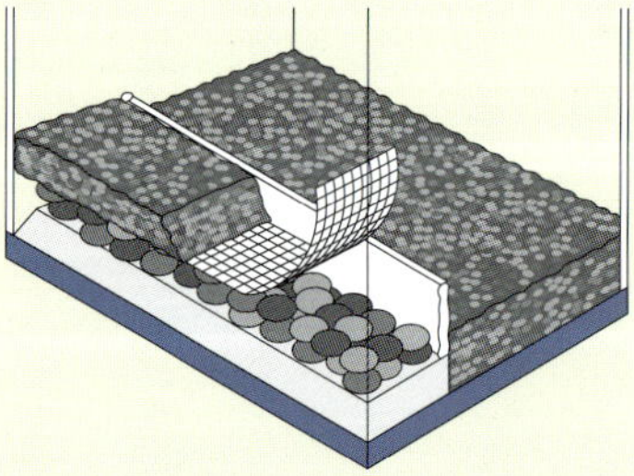

③ 아랫단에 모래를 깔고, 큰 자갈을 깔아 준 윗단에는 자갈의 틈새로 모래가 빠져나가지 않도록 그물망을 깐 뒤 그 위에 모래를 깔아 준다.

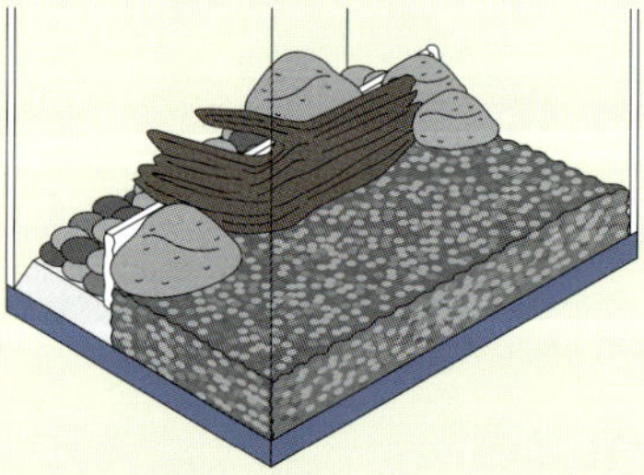

④ 플라스틱판 앞에 바위나 유목 등의 장식품을 배치해 정면에서 플라스틱판으로 만든 제방이 보이지 않도록 한 뒤 여백에 수초를 심으면 입체적인 수조를 만들 수 있다.

3~5일째: 수초 심기

수초를 심을 때는 사전 준비가 매우 중요하다. 잎이나 뿌리에 상처가 생기지 않도록 소중하게 다루면서 수초를 심어 보자.

① 수초를 화분에서 분리한다.

Point

무리하게 빼내면 수초에 상처가 날 수도 있으므로 살살 조금씩 비틀어 가며 분리하자.

수초는 화분째로 판매되는 경우가 많다. 먼저 화분에서 수초를 분리한다.

② 뿌리 보호용 모직물을 제거한다.

모직물을 손가락으로 부드럽게 제거하다가 섬세한 작업이 필요한 부분은 핀셋을 사용해서 떼어 내자.

③ 뿌리를 다듬는다.

로제트형 수초의 경우 뿌리가 너무 길면 수조 안에서 썩기 쉬우므로 심기 전에 다듬어 주는 것이 좋다. 이때 성장점까지 자르지 않도록 주의하자.

④ 판에 붙어 있는 수초는 판에서 분리한다.

판에서 수초를 조심스럽게 분리하고 시들거나 썩은 잎과 뿌리를 하나씩 떼어 낸다.

⑤ 수조 뒤쪽부터 수초를 심는다.

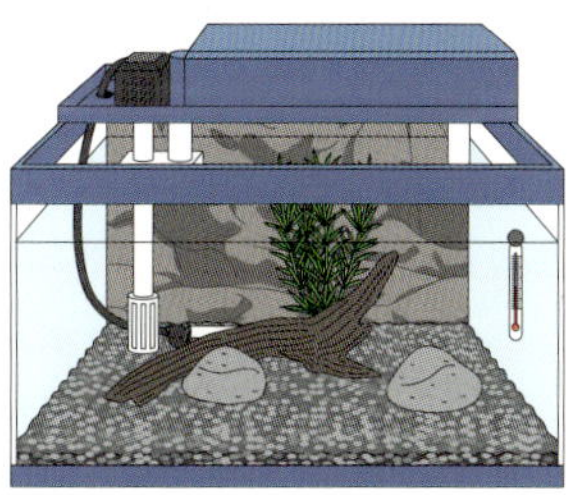

수초를 배치할 때는 가장 먼저 수조 뒤쪽 후경에 키가 큰 수초를 심어 수조의 전체적인 분위기를 형성하는 것이 좋다.

Point

전경에 배치할 작은 수초들은 마지막에 심어야 깔끔한 인상을 줄 수 있다.

수초 심는 방법

수초는 형태에 따라 크게 두 가지로 분류한다. 첫 번째는 경엽형 수초로 뿌리, 줄기, 잎으로 구분되는 형태를 가졌다. 두 번째는 시금치처럼 뿌리에서 바로 잎이 올라오는 형태를 가진 로제트형 수초다. 이 둘은 형태만큼이나 심기 전 사전 준비 과정부터 심는 방법까지 많은 부분에서 차이가 있으므로 각각의 취급 방식을 숙지하고 다루어야 한다.

● 경엽형 수초 심는 방법

① 물로 깨끗하게 씻는다.
막 구입한 수초는 세균이나 진균, 유충 등이 붙어 있는 경우가 있으므로 양동이 안에서 여러 번 깨끗하게 세척하는 것이 좋다.

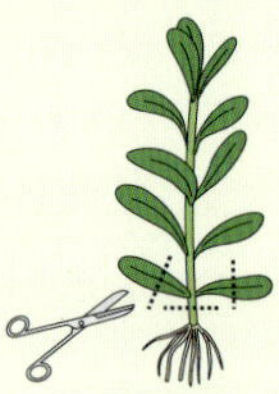

② 상처 난 부분을 다듬는다.
줄기가 파손되었다면 그 부분의 잎과 줄기를 제거하고 가장 아래 있는 깨끗한 마디의 바로 밑을 잘라 쟁반에 순서대로 배열한다.

③ 핀셋을 이용해 심는다.
수초의 밑단을 핀셋으로 집어 한 그루씩 모래에 심는다. 핀셋을 최대한 줄기와 평행하게 하면 보다 쉽게 심을 수 있다.

④ 모래를 정돈한다.
심은 수초가 빠지거나 들뜨지 않도록 주변의 모래를 정돈한다.

● 로제트형 수초 심는 방법

① 물로 깨끗하게 씻는다.
막 구입한 수초는 세균이나 진균, 유충 등이 붙어 있는 경우가 있으므로 양동이 안에서 여러 번 깨끗하게 세척하는 것이 좋다.

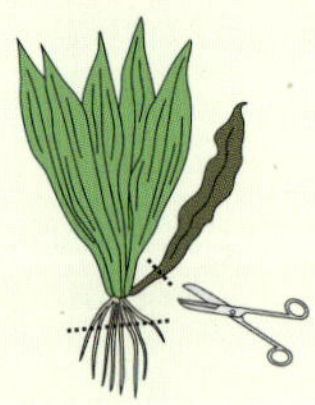

② 상처 난 부분을 다듬는다.
시들거나 부러진 잎을 제거하고 뿌리는 2~3cm 정도만 남기고 잘라 낸다. 뿌리에 작은 패류가 붙어 있으면 바로 제거한다.

③ 바닥재에 움푹하게 홈을 내고 수초를 심는다.
바닥재를 조금 긁어 내어 움푹하게 만든 홈에 수초를 배치한 다음 뿌리에 모래를 뿌리듯 덮어 주며 심는다.

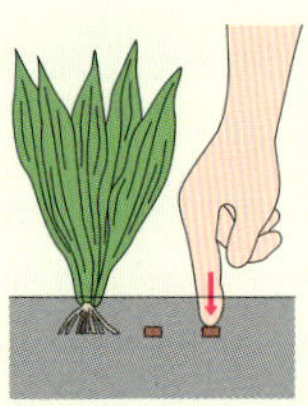

④ 뿌리 주변에 고형 비료를 넣어 준다.
로제트형 수초는 잎에서 영양을 흡수할 수 없기 때문에 뿌리 주변에 고형 비료를 충분히 뿌려 두어야 튼튼하게 성장할 수 있다.

수초 관리 방법

● 수조의 분위기를 바꿔 주는 이끼 활착시키기

① 노폐물을 제거한 이끼와 유목을 준비한다. 이끼의 뿌리가 마르지 않도록 물을 뿌려 쟁반에 넣어 둔다.

② 이끼의 뿌리 부분을 감추듯이 한 장씩 정성스럽게 유목 위에 늘어놓는다.

③ 유목 위에 이끼를 전부 올린 뒤 무명실로 이끼를 유목에 잘 고정한다.

④ 이끼의 종류에 따라 물에 적응하는 데 걸리는 시간이 다르므로 분무기 등을 사용해 물에 빨리 적응할 수 있도록 한다.

● 수조에 활력을 더하는 수초 활착 유목 만들기

① 수초를 화분에서 분리한 다음 시든 잎과 뿌리를 다듬어 준다.

② 유목 위에 수초를 얹어 활착시킬 위치를 결정한다.

③ 검은색 비닐 끈을 이용해 유목의 줄기 부분에 수초를 고정한다.

④ 수초는 고정시킨 뒤 한두 달 정도가 지나야 유목에 완전히 활착하기 때문에 충분히 기다렸다가 고정 끈을 제거한다.

Point

작업 도중에 잎이 마를 수도 있으니 중간중간 분무기로 수분을 공급해 줘야 한다.

6~7일째: 물고기 넣기

드디어 준비해 둔 수조에 물고기를 넣을 차례다. 물고기를 수조에 넣을 때도 서두르지 말고 여러 가지 사항을 확인한 뒤 조심스럽게 진행하는 것이 좋다.

물고기를 집으로 데려오는 동안 주의할 점

모든 준비를 마치고 드디어 물고기를 집으로 데려올 시간이 되었다. 그러나 이때도 주의해야 하는 사항들이 있다. 물고기는 보통 물을 채운 비닐봉지에 담아 이동시키는데, 이때 이동 중 수온 변화에 유의해야 한다. 특히 여름이나 겨울에 오랜 시간 이동해야 한다면 스티로폼 상자나 아이스박스에 넣어 운반하는 것이 좋다. 또한 총 이동 시간을 직원에게 말하면서 충분한 양의 산소를 함께 포장해 달라고 부탁해야 한다. 이렇게 해서 안전하게 물고기를 데려왔다면 이제부터는 수조에 어떻게 풀어놓으면 좋을지 알아보자.

① 물고기가 담긴 비닐을 통째로 수조에 띄운다.

비닐봉지 안과 수조의 수온이 같아야 물고기가 수조에 쉽게 적응할 수 있으므로 수온을 맞추기 위해 비닐봉지를 30분 정도 수조에 띄워 둔다. 이때 봉지가 조명에 닿지 않도록 조심한다.

② 비닐봉지에 수조의 물을 조금씩 넣는다.

30분 정도 지나 수조와 비닐봉지의 수온이 비슷해지면 봉지 안에 수조의 물을 조금씩 넣으면서 물고기가 수조의 수질에 점진적으로 적응할 수 있도록 한다. 한 번에 많은 물을 넣으면 물고기가 쇼크를 일으킬 수도 있으므로 천천히 조금씩 넣어 준다.

③ 같은 과정을 천천히 반복한다.

물고기에게 알맞은 수질로 마련해 둔 수조라 해도 갑작스러운 이송 및 환경 변화를 겪은 물고기는 쇼크에 빠질 가능성이 있다. 그러므로 물을 조금 넣고 잠시 기다렸다 다시 넣어 주는 과정을 반복하며 천천히 수조에 적응시킨다.

④ 작은 양동이에 물고기를 옮긴다.

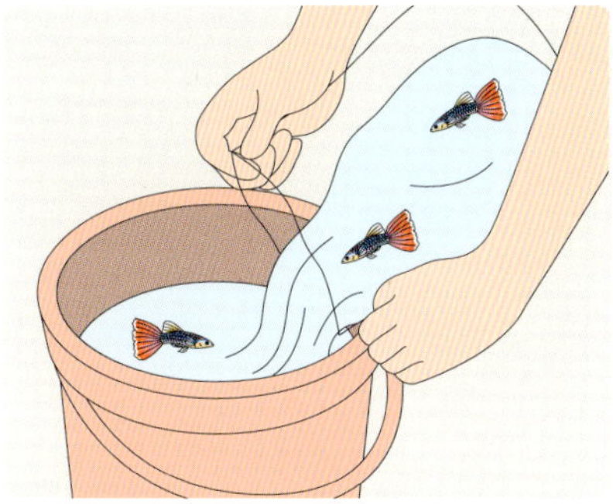

비닐봉지 내부의 수온과 수질이 수조와 같아지면 수조 옆에 작은 양동이를 두고 물고기와 물을 조심스럽게 옮긴다. 봉지에 있던 물을 그대로 수조에 넣으면 판매점에 있던 세균이나 쓰레기가 수조로 옮겨 갈 수 있으므로 양동이에 먼저 담아 놓았다가 그물망을 이용해 물고기만 따로 옮긴다.

⑤ 부드러운 뜰채를 이용해 물고기만 수조에 넣어 준다.

뜰채로 조심스럽게 물고기만 수조로 옮긴다. 이때 뜰채로 물고기에 상처를 입히지 않도록 주의한다.

Point

이미 물고기가 있는 수조에 새로운 물고기를 넣을 때는 주의를 기울이는 것이 좋다. 기존에 살고 있던 물고기가 새로 온 물고기를 공격할 수 있기 때문이다. 수조의 조명을 끄고 주변이 잘 보이지 않는 상태에서 새로운 물고기를 넣어 주면 밝은 상태에서 넣을 때보다 기존 물고기의 공격성이 줄어들 것이다.

⑥ 나만의 아쿠아리움 완성!

7일 동안 정성 들여 만든 나만의 아쿠아리움이 드디어 완성되었다. 기르는 입장에서는 가장 뿌듯하고 보람찬 순간이겠지만 물고기에게는 처음 마주하는 환경에 노출되어 가장 예민한 때이므로 잠시 시간을 갖고 안정을 찾을 수 있도록 내버려 두자. 첫 먹이는 물고기가 안정된 뒤에 주는 것이 좋다.

제5장

수조 유지 및 관리 방법

아름답게 꾸민 아쿠아리움을 온전히 즐기기 위해서는 유지·관리·보수가 꼭 필요하다. 열대어와 수초 모두 살아 있는 생물이라는 것을 잊지 말자.

Stage 1

일상적인 관리

매일매일 관리하는 습관을 들이자

드디어 본격적인 물생활이 시작되었다. 열대어 사육에서는 물고기가 서식하기 위한 최적의 환경을 만들고 꾸준히 유지하는 것이 가장 중요하다. 관리를 소홀히 하면 나중에 해결하기 힘든 문제가 생기기 마련이므로 이를 예방하기 위해 평소에 관리하는 습관을 들이는 것이 좋다.

먹이가 전부는 아니다

생물을 기른다고 하면 먹이를 가장 먼저 떠올리지만, 먹이가 전부는 아니다. 수조 안에서 생활하는 열대어에게 적절한 수온과 쾌적한 수질을 유지해 주기 위한 노력과 여러 가지 기구의 정상적인 작동도 먹이만큼이나 중요하다. 그러면 수조를 잘 관리하기 위한 일상적인 습관을 알아보자.

먼저, 아침에 일어나면 수조의 조명을 켠다. 열대어에게 적당한 조명 유지 시간은 하루에 12~14시간이다. 점등 시간을 일정하게 지키면 물고기가 스트레스를 덜 받고 건강하게 생활할 수 있다. 시간을 규칙적으로 지키기 어렵다면 자동 타이머를 사용해 조절하는 방법도 있다.

다음으로, 온도계를 확인해서 수온이 적당하게 유지되고 있는지 확인한다. 여과기가 제대로 작동하고 노폐물이 적절하게 여과되고 있는지도 확인해야 하지만 매번 여과기를 분해해 확인할 수는 없으므로, 모터나 펌프에서 이상한 소리가 나지 않는지 확인하는 정도면 충분하다.

조명을 켠 뒤 물고기가 안정을 찾으면 먹이를 준다. 이때 먹이를 먹는 방식이나 헤엄치는 모습, 몸 표면 등에 이상이 없는지 확인한다.

기구를 정기적으로 점검한다

일상적인 관리는 앞서 말한 사항들을 지키는 것으로 충분하다. 이제 수조에 설치한 다양한 기구를 확인하는 시기와 방법을 알아보자.

먼저 여과기를 살펴보자. 여과기는 열대어를 기르는 데 필수적인 기구로, 전원이 켜진 상태가 꾸준히 유지되어야 하므로 모터나 펌프에 문제가 생길 경우 빠르게 인지하는 것이 중요하다. 대개 모터나 펌프는 완전히 고장 나기 전에 이상한 소리가 나거나 효과가 떨어지는 등 전조 증상이 나타난다. 따라서 그런 변화를 놓치지 않기 위해

일상적인 관리의 중요성

매일 물고기를 관찰하고 수조를 관리하다 보면 문제가 생겼을 때 바로 눈치챌 수 있게 된다. 경험이 더 쌓이면 병이 든 것인지, 기구의 고장에 의한 것인지도 판단할 수 있게 된다. 그렇기 때문에 평소에 물고기와 수조를 주의 깊게 관찰하는 것이 중요하다.

아침

- 조명을 켠다.
- 물고기의 건강 상태를 확인한다.
- 수온과 수온 조절 장치를 확인한다.
- 여과기를 점검한다.
- 먹이를 준다.

밤

- 조명을 끈다.
- 물고기의 건강 상태를 확인한다.
- 수온과 수온 조절 장치를 확인한다.
- 여과기를 점검한다.
- 먹이를 준다.

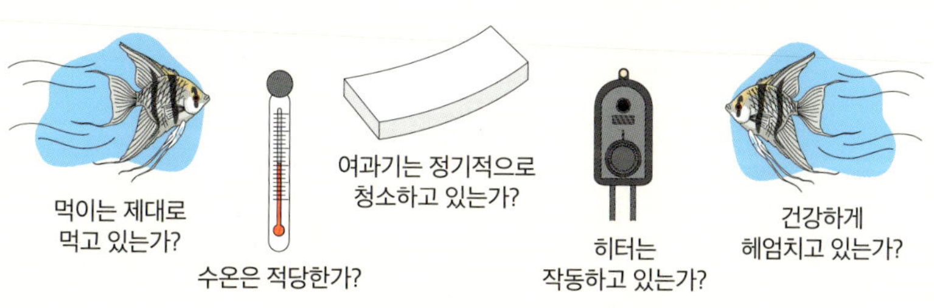

서라도 주의 깊게 소리를 듣는 습관을 갖는 것이 좋다. 물의 흐름 같은 펌프 및 여과기 관련 사항을 지속적으로 기록하거나 기억해 두는 것도 좋다.

만약 고장 난 뒤에야 새로운 펌프를 사러 간다면 수질이 악화된 상태가 지속될 것이다. 따라서 수질에 예민한 생물을 키울 때는 예비용 펌프를 미리 준비해 두는 것을 권장한다.

또한 수초가 많은 수조에서는 떨어진 이파리가 여과기 흡수구에 쉽게 달라붙기 때문에 여과기를 신경 써서 청소해 줘야 한다. 만일 자주 청소할 수 없는 상황이라면, 여과기 흡수구 앞에 전처리 여과기를 장착하는 등 여과기가 막히지 않도록 조치를 취한다.

물속에 설치하는 자동 수온 조절계는 센서 부분에 이끼 등이 앉게 되면 감도가 떨어지므로 주기적으로 닦아 주는 것이 좋다. 센서가 깨끗한데도 온도가 일정하지 않다면 본체의 고장을 의심해 볼 수 있다. 고장인지 확인하기 위해 매일 온도계로 직접 수온을 측정하는 것이 좋다.

수초 중에는 이산화탄소를 공급해 줘야 하는 것도 있는데, 이런 종류는 상태가 한 번 나빠지면 회복이 어렵기 때문에 언제나 이산화탄소를 준비해 두는 것이 좋다. 또한 이산화탄소가 급격하게 줄어든다면 중간에서 새기 때문일 가능성이 있으므로 에어튜브를 확인한다. 일반적인 에어튜브를 사용하면 이산화탄소가 쉽게 새어 나갈 수 있으므로 반드시 이산화탄소 전용 에어튜브를 사용한다.

조명이 더러우면 밝기가 약해지므로 가끔씩 닦아 준다. 조명 기구 안쪽의 하얀 반사판까지 꼼꼼히 닦아야 하며, 반드시 기구의 콘센트를 빼고 진행하도록 한다. 조명은 3개월에 한 번 정도 교체해 주는 것이 좋다.

Stage 2

수조 물 갈아 주기

열대어의 생명을 좌우하는 물갈이

물을 잘 갈아 주는 것은 수질 관리의 기본이다. 물갈이를 게을리 하면 수질이 점점 악화되어, 시간과 정성을 쏟아서 꾸민 수조가 금세 엉망이 된다. 수조 크기, 기르고 있는 수초와 물고기의 종류에 맞는 물갈이 시기를 파악해 적절하게 물을 갈아 주면 쾌적한 물생활을 오랫동안 만끽할 수 있다.

내 수조에 알맞은 물갈이 시기 파악하기

물갈이 시기는 수조의 크기, 물고기의 종류와 수, 여과기의 성능, 먹이의 양과 질 등에 따라 크게 달라지므로 그 주기가 명확하게 정해져 있지 않다. 따라서 현재 내가 기르는 물고기의 생활과 성장에 적당한 수질을 유지할 수 있는 물갈이 주기를 스스로 파악해서 정해야 한다. 그렇다면 그 시기는 어떻게 파악할 수 있을까?

가장 먼저 수조의 수질 변화를 확인해야 한다. 물의 산도를 측정하는 것이 수질을 확인하는 가장 확실한 방법이다. 시중에 판매되는 pH 측정기를 사용해 2~3일 간격으로 3주 정도 데이터를 모으면 수질 변화 경향을 파악할 수 있다.

pH 값은 물을 갈아 준 후부터 매일 조금씩 낮아진다. 3주 정도 확인했을 때 pH 값이 크게 변화하지 않는 수조는 물갈이를 자주 해주지 않아도 된다. 하지만 반대로 pH 값이 며칠 사이 2포인트씩 급격하게 낮아진다면 물갈이를 자주 해야 한다.

물론 수질 관리를 위해 확인해야 하는 수치는 다양하지만, pH 값은 가장 간단하게 측정할 수

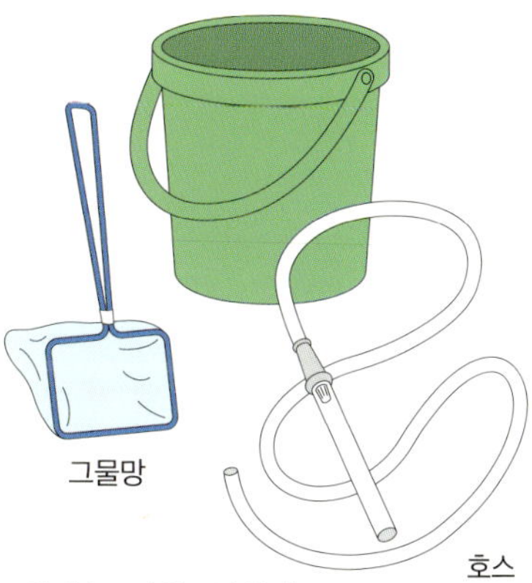

* 예비수조가 있으면 좋다.

> **Point**
> 물갈이는 힘들고 시간도 오래 걸리는 대형 작업이다. 물갈이 주기가 조금이라도 부담스럽다면, 자신의 생활 방식에 맞는 방법으로 바꿔 가야 한다. 또한, 수조의 물을 한꺼번에 갈아 버리면 수질이 급격하게 변화해 물고기의 건강을 해치게 되므로 한 번에 절반 정도씩 갈아 주는 것이 적당하다.

있다는 장점이 있다. 수조의 산도가 적정값에서 위아래로 2포인트 이상 변화하면 수질에 민감하지 않은 물고기라도 건강을 유지할 수 없다. 수질 변화에 민감한 물고기라면, 산도가 적정값에서 0.5포인트 이상 변하지 않도록 물갈이 주기를 설정하는 것이 좋다.

물갈이 방법과 순서

① 호스로 수조의 물을 뺀다.
먼저 조명, 히터, 수온 조절계 등의 전원을 끈 뒤, 수조 전용 여과 호스 등을 이용해 물을 뺀다. 이때 물고기나 수초가 호스 안으로 빨려 들어가지 않도록 주의한다.

② 수조 내부의 노폐물을 청소한다.
바닥에 쌓인 오물이나 노폐물을 제거한다. 수조 전용 여과 호스를 사용하면 물을 배출하는 동시에 바닥재도 깨끗하게 청소할 수 있다.

③ 양동이에 준비한 물에 컨디셔너를 넣는다.
필요한 양의 물을 미리 담아 놓은 양동이에 목적에 맞는 컨디셔너를 넣고 잘 섞는다.

④ 양동이의 물을 수조에 넣는다.
수질 조정이 끝나면 수조 내부의 배치를 해치지 않도록 조심하면서 양동이의 물을 수조에 천천히 채운다.

Stage 3

수조 청소하기

꼼꼼한 청소로 이끼 발생 줄이기

수조의 유리와 모래에 생긴 이끼는 보기에도 좋지 않을 뿐만 아니라, 수초의 건강에도 좋지 않다. 평소에 잘 관리하고 수조 청소를 게을리하지 않으면 이끼 발생을 줄일 수 있다.

물갈이와 수조 청소는 다르다

물을 갈아 주면 자연스레 수조가 깨끗해질 거라고 생각할 수 있지만 이 두 가지는 엄연히 다르다. 물갈이를 하는 이유는 수질을 관리하기 위함인데, 수조 청소에는 수질 관리 외에 또 다른 목적이 있다.

여과기가 정상적으로 작동하기만 해도 수조는 그리 쉽게 더러워지지 않는다. 그러나 조금 더 꼼꼼하게 수조를 청소하면 급격한 수질 변화를 막을 수 있을 뿐만 아니

이끼가 발생하는 원인

수조의 환경에 따라 이끼가 많이 생길 수 있다. 아래 항목에서 해당되는 사항을 개선한다면 이끼 발생을 억제하는 효과가 있을 것이다.

- 먹이를 너무 많이 준다.
- 여과기의 성능이 저하되었다.
- 형광등을 오래 켜둔다.
- 물고기를 많이 기른다.
- 물갈이를 자주 하지 않는다.
- 바닥재 청소를 하지 않는다.
- 수초에 비료를 많이 준다.

라 물고기나 수초의 질병도 예방할 수 있다. 더불어 깨끗한 수조는 보기에도 좋으므로 수고한 만큼 보람을 느낄 수 있다. 청소의 기본은 무엇보다 수조가 더러워지지 않도록 평소에 관리를 제대로 하는 것이다. 수질이 양호하게 유지되어 수초가 건강하게 자라면 이끼 발생도 줄어든다.

유리에 이끼가 달라붙지 않도록 관리하기

수조에 생기는 이끼 중에서 가장 신경 쓰이는 것은 바로 수조 유리에 달라붙는 이끼다. 이를 제거하기 위한 다양한 청소 도구 중에서 플라스틱으로 된 '스크레이퍼'라는 제품을 사용하면 유리에 달라붙어 있는 이끼도 비교적 간단하게 제거할 수 있다. 그러나 아크릴 수조는 흠집이 나기 쉬우니 청소 용구를 선택할 때 주의해야 한다.

이끼 발생을 억제하는 첨가제도 많이 판매되고 있으므로 수조 환경에 맞는 것을 사용하면 효과를 볼 수 있다.

물방울이나 먼지 등으로 더러워진 수조 바깥 면은 세정제를 사용해 깨끗하게 청소할 수 있지만, 약품이 수조에 들어가지 않도록 주의해야 한다.

또한 유리 뚜껑이 더러워지면 조명 빛을 흡수하기 때문에 식기 세척용 세제를 묻힌 스펀지로 닦아 주는 것이 좋다. 그러나 합성세제나 비누는 열대어에게 치명적이므로 물로 충분히 씻어 낸 뒤에 다시 설치해야 한다.

이끼를 효과적으로
제거할 수 있는 스크레이퍼

이끼와 얼룩을
제거하는 스펀지

✠ 이끼의 종류

이끼 이름	특징	방지책
규조류	갈색이고 끈적끈적하다. 여과기의 박테리아가 제대로 활동하지 않아서 발생하는 경우가 많으며, 비교적 초기에 발생하는 이끼다.	물갈이를 해주고, 컨디셔너를 이용해 수질을 약산성으로 만들면 발생을 억제할 수 있다. 이 방법을 쓸 때는 키우고 있는 물고기에게 알맞은 환경과 산도 등을 충분히 고려해야 한다.
남조류	짙은 초록색이며 냄새가 강하다. 얇은 막처럼 생겼기 때문에 수초에 엉겨 붙어 수초를 시들게 만들기도 한다.	정기적으로 수조 바닥의 진흙을 빼주는 등 수질 개선에 신경 써야 한다. 사육하고 있는 물고기가 너무 많을 경우에도 발생하므로, 물고기 수를 조금 줄여 보는 것도 좋다.
실조류	초록색, 검은색 등 여러 가지 색깔을 띠며, 얇은 실처럼 생긴 이끼다.	일단 발생하면 제거하기 어려우므로, 발견 즉시 조치를 취해야 한다. 물갈이를 하거나 야마토 새우를 키우는 등 예방도 중요하다.
해캄	가늘고 긴 초록색 이끼로, 증식하면 덩어리가 되어 수조 전체에 퍼진다.	물갈이를 할 때 수조를 깨끗하게 청소하고, 구입한 수초나 돌 같은 수조 장식품은 잘 닦아서 넣도록 한다.

Stage 4

바닥재 청소하기

더러운 바닥재는 의외로 눈에 잘 띈다

바닥재에는 먹이 찌꺼기나 노폐물, 수초 이파리 등 오물이 쌓이기 쉽다. 이것을 그대로 방치하면 미관상 좋지 않을 뿐만 아니라 이끼가 발생하기도 한다. 눈에 띄는 오물은 빠르게 제거하고 지속적인 관리로 바닥재를 깨끗하게 유지하는 것이 좋다.

더러운 바닥재는 수질 악화의 원인

더러운 모래도 수질 악화의 커다란 원인이다. 바닥재 사이사이의 작은 공간에는 물고기의 배설물이나 먹이 찌꺼기 등이 쉽게 낀다. 또한 수조 바닥 부분은 상대적으로 물이 잘 순환하지 않기 때문에 쉽게 더러워진다.

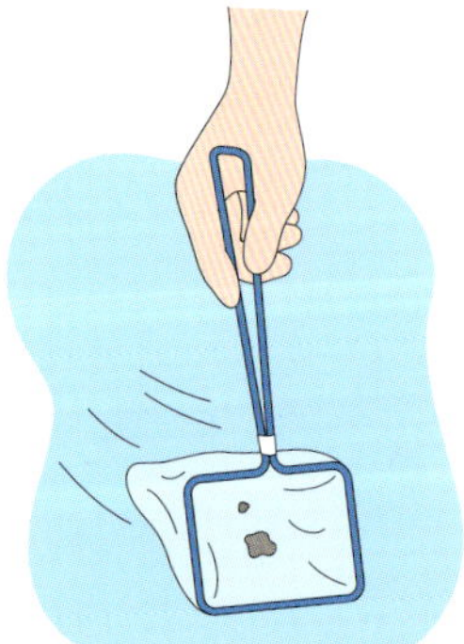

우선 물에 떠다니는 노폐물을
그물망으로 건져 낸다.

큰 철사나 굵은 송곳으로
바닥재의 막힌 부분을 뚫어 준다.

바닥의 노폐물은
호스로 제거하면 편리하다.

바닥재를 수조에서 꺼내 씻는 것은 시간도 많이 걸리고 수고스러운 일이므로 평상시에 관리하는 방법을 소개한다.

먼저 물속에 떠다니는 오물을 뜰채로 떠낸 뒤 가장 촘촘한 그물망으로 바닥재에 쌓여 있는 오물을 조심스럽게 걷어 내듯이 떠낸다.

저면 여과기를 오랫동안 사용하면 바닥재 사이에 낀 오물이 굳어서 물의 순환을 방해할 수 있다. 그럴 때는 조금 굵은 송곳으로 바닥을 푹푹 찔러 여과가 잘되도록 해주자.

바닥재 청소만 할 요량으로 그물망으로 물을 휘저으면 물이 탁해지기도 하고 수초가 뽑히기도 한다. 그러므로 가능하면 물갈이를 할 때 호스 끝에 여과 호스를 달아 물과 함께 모래 속 오물을 배출시키는 것이 좋다.

Stage 5

수조 주위 정돈하기

정리 정돈으로 문제 예방하기

평상시 수조에만 관심을 쏟다 보면 수조 주위 청소는 간과하기 쉽다. 수조 내부를 깔끔하게 관리하는 것처럼 수조 주변 또한 제대로 정돈해서 문제를 예방하자.

누전이나 정전의 원인이 되는 먼지

여과기나 조명 기구 등은 한번 플러그를 꽂은 후에는 전원을 끄는 경우가 드물다. 또한 플러그와 배선을 보이지 않는 곳에 밀어 넣는 경우가 많아 먼지투성이가 되곤 한다. 먼지는 누전이나 정전의 원인이 되므로, 가끔씩 콘센트를 빼서 젖은 수건으로 닦아 주자.

기종마다 다르지만 에어펌프의 아랫면에는 펠트 등으로 된 여과기가 붙어 있는 경우가 많다. 이것도 오래 사용하면 먼지가 쌓여 까맣게 변하기 때문에 잘 살펴보고 때에 맞춰 교체해 주어야 한다.

또한 유리 수조는 튼튼해 보이지만 단단한 것에 부딪히면 깨질 수 있으므로 수조 근처에는 웬만하면 물건을 놓지 않도록 하자.

수조에 금이 갔을 경우

아무리 주의해도 예기치 못한 사고로 수조에 금이 갈 수 있다.
이럴 때 당황하지 않고 대처하는 법을 알아보자.

① 모든 기구의 콘센트를 뽑는다.
② 물고기와 수초를 다른 용기에 옮긴다.
③ 즉시 새 수조로 교체한다.

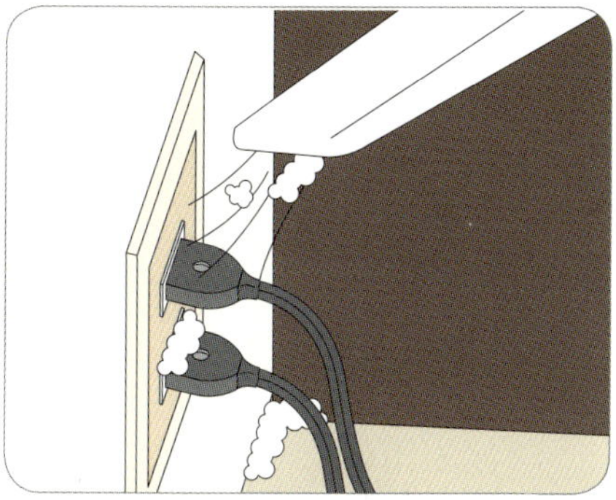

수조를 구성하는 기구의 플러그와 콘센트 주변에 먼지가 쌓이지 않도록 잘 관리한다.

수조의 유리를 깨끗하게 유지한다.

수조 주변에 불안정한 다른 가구를 배치하지 않는다.

의외로 어려운 물고기 떠내기

수조 청소같이 물고기를 다른 수조에 옮겨 놓아야 편한 작업이 있다. 이럴 경우 물고기를 그물망으로 잡아 이동시켜야 하는데, 활발한 물고기나 작은 물고기는 수초에 잘 숨고 재빨리 도망가 버려 포획하기가 쉽지 않다. 그럴 때는 뜰채와 작은 플라스틱 통을 준비해 그물망으로 물고기를 플라스틱 통에 몰아넣으면 비교적 간단하게 포획할 수 있다. 이렇게 해도 어렵다면 조명을 끄고 조용한 상태에서 물고기가 안정된 뒤에 포획하는 방법을 이용한다.

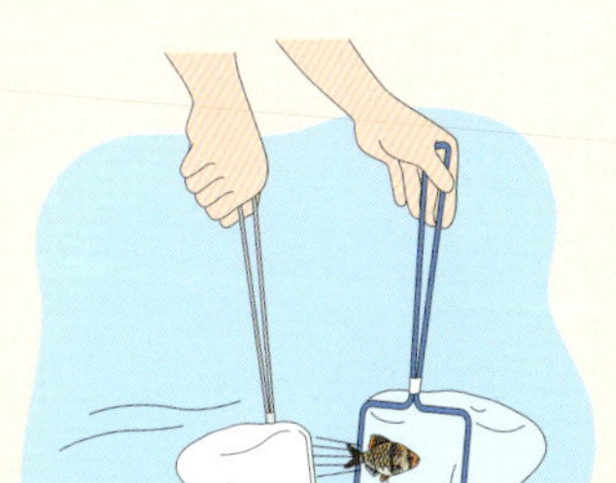

물은 매일 변화한다

수질 관리를 위해서는 먼저 수조의 물이 어떻게 변화하는지 알아야 한다.

● 물은 점점 산성을 띠게 된다.

오물 등 유기물이 분해됨에 따라 수조의 물은 점점 중성에서 산성으로 변한다. 이를 방치하면 물고기의 피부나 지느러미를 해칠 정도의 산성이 되어 버리므로 pH 측정기를 이용해 정기적으로 산도를 확인한다.

● 질소노폐물 농도가 높아진다.

물고기를 기르다 보면, 유해 물질인 질소노폐물이 계속 배출된다. 물고기가 지나치게 많은 경우에는 여과기로 조절할 수 없을 만큼 질소노폐물 농도가 증가할 수도 있다. 이렇게 되면 여과기의 일부가 막히는 등 아주 사소한 문제로도 수질이 상당히 악화될 수 있다.

특히 알칼리성 수질에서 물고기를 키울 경우(아프리칸 시클리드 등), 중성이나 산성 수질에 비해 질소노폐물의 독성이 상당히 높아지므로 주의를 기울여야 한다.

● 산소가 부족해질 수 있다.

물갈이나 수조 청소를 소홀히 하면 먹이 찌꺼기나 물고기의 사체가 부패하면서 번식한 다양한 박테리아가 물속 산소를 소비해 산소 부족 상태가 발생할 수 있다. 또한 여과기와 수조가 수용 가능한 수보다 많은 물고기를 기를 경우에도 용존 산소량이 부족해질 수 있다.

수조 내 용존 산소량이 부족해지면 물고기는 수면으로 올라와서 헤엄치며, 호흡이 빨라진다. 물고기들이 이와 같은 산소 부족 증상을 보이면 최대한 빨리 에어펌프 등으로 산소를 공급하고, 물갈이를 해주어야 한다. 이때 갑작스러운 물갈이에 물고기들이 크게 놀라거나 손상을 입을 수 있으므로 충분히 주의를 기울여야 한다.

제6장

열대어와 수초 관리 방법

열대어는 매일 먹이를 주어야 하고, 수초 또한 적절하게 다듬어 주어야 보기 좋게 유지될 수 있다. 이렇게 매일 챙겨 주다 보면 나도 모르는 사이 수조에 대한 애정이 점점 커진다.

Stage 1

먹이의 종류와 급이 방식

물고기의 특성에 맞는 먹이 선택하기

물고기에게 먹이를 주는 것은 물생활의 가장 즐거운 부분이다. 그러나 먹이의 종류와 급이 방식을 잘못 선택하면 문제가 발생할 수 있으므로 관련 지식을 잘 숙지해서 열대어와 함께 즐거운 시간을 보내자.

현재 어종이나 목적에 따라 다양한 열대어용 먹이가 판매되고 있으며, 각 제품에 적용 대상 어종 및 목적이 표기되어 있으므로, 설명을 참고해 고르는 것이 좋다. 먹이는 크게 주식과 보조식으로 구분할 수 있다. 주식은 물고기에게 필요한 영양분을 고루 갖추고 있어 단독으로 사용해도 물고기 사육이 가능하지만, 보조식은 영양의 균형이 어느 한쪽으로 치우쳐 있는 경우가 많으므로 반드시 주식과 함께 사용해야 한다.

대부분의 먹이는 개봉 즉시 산화가 시작되어 품질이 나빠지므로 싸다고 한꺼번에 대량으로 구매하기보다는 2~3주 정도 사용할 양을 계산해 보고 그에 맞춰 구입하는 것이 좋다. 주식이나 보조식 모두 개봉 후 1개월 이내에 소진하는 것이 가장 좋으며, 보조식은 주식에 비해 적게 사용하므로 용량이 작은 것을 구입하도록 한다.

육식성 물고기에게 적합한 먹이

중대형 메기나 고대어는 육식성인 경우가 많다. 이런 육식 어종에게는 금붕어나 송사리를 주는 경우가 많은데, 특별히 영양분이 풍부해서라기보다는 구하기 쉽기 때문이다.

따라서 평소에 금붕어나 송사리만 먹이는 경우, 영양의 균형을 맞추기 위해 일주일에 두세 번 납자루 같은 다른 종류의 먹이용 물고기를 챙겨 주는 것이 바람직하다.

키우는 물고기 종류에 따라 곤충이나 작은 개구리 같은 먹이를 주는 것도 좋다. 이때 먹이생물 자체에도 충분히 영양을 공급해 건강하고 영양분이 많은 상태로 급이하는 것이 좋다. 금붕어 등을 급이하기 전에는 이에 붙은 병원균이 수조에 들어가는 것을 막기 위해 2~3일 정도 약욕을 시키는 것이 좋다.

실지렁이나 붉은장구벌레 등을 줄 경우에도 병원균이나 기생충이 수조에 들어갈 수 있으므로 기생충 구제약을 물에 풀어 관리하는 등의 준비를 한 뒤에 급이하도록 한다.

먹이의 양 조절하기

초보자가 가장 많이 하는 실수는 먹이를 지나치게 많이 주는 것이다. 이것이 지속되면 먹이 찌꺼기가 지나치게 많이 생겨 수질 저하 및 이끼를 발생시키는 요인으로 작용한다. 또한 물고기도 먹이를 지나치게 많이 먹게 되어 소화불량이 생기거나 비만해진다. 이를 예방하기 위해 어종에 따른 먹이의 적정량을 평소에 알아 두어야 한다. 우선, 적당하다고 생각되는 양을 준 뒤 3분 정도 물고기의 행동을 지켜보자. 만일 3분 후에도 먹이가 수조에 남아 있다면 양을 줄여야 하고, 반대로 1분 만에 먹이를 다 먹어 치웠다면 양을 조금 늘려야 한다. 플레이크나 과립 형태의 사료를 먹는 어종이라면 그 정도 양을 하루에 2~3회 주는 것이 좋고, 중대형 육식 어종은 하루에 1~2회 정도면 충분하다.

여행이나 출장 등으로 집을 비워야 할 때는 자동 급이기를 활용하되, 급이되는 양을 평상시의 반 정도, 횟수로는 하루 1~2회 정도 주도록 설정해야 한다. 또한 치어가 아니라면 2~3일 정도 먹이를 주지 않아도 큰 문제가 생기지 않는다.

✠ 먹이의 종류

배합 사료		
플레이크 사료 	소형 열대어 사료 중 가장 대표적인 종류로, 수조에 넣어 주면 잠시 수면에 떠 있으므로 수조 상층에서 중층 사이를 유영하는 어종에게 적합하다. 기호성은 조금 떨어지지만 소화가 잘되고 흡수가 빠르며 다양한 종류가 판매되므로 어종에 맞는 것을 선택할 수 있다.	• 네온 테트라 • 구피 • 할리퀸 라스보라 • 실버 해체트피시 • 수마트라 바브
과립 사료 	상대적으로 잘 가라앉으므로 수조의 중층에서 저층을 유영하는 어종에게 적합하다. 플레이크 사료에 비해 물에 풀어지는 성질이 약하기 때문에 수질 악화 위험도 적은 편이다. 다양한 크기의 입자로 판매되고 있으므로 사육하는 어종에 맞는 크기를 선택할 수 있다.	• 콩고 테트라 • 블루 제브라 시클리드 • 에인절피시 • 실버 샤크 • 페퍼드 코리도라스
펠릿(스틱) 사료 	중대형 잡식성 어종에게 적합하다. 물에 오랜 시간 떠 있는 종류도 있고 금방 가라앉는 종류도 있으니 구입 전에 어떤 종류인지 확인해야 한다. 살아 있는 먹이에 비해 기호성이 낮은 편이며 어종에 따라 적응하는 데 시간이 필요한 경우도 있다.	• 텍사스 시클리드(성어) • 오스카(성어) • 자이언트 레드테일 구라미(성어) • 엥추이(성어) • 프론토사(성어)
태블릿 사료 	주로 수조 바닥에서 유영하는 어종에게 적합하다. 수질을 잘 악화시키지 않아 오랜 시간에 걸쳐 먹이를 먹는 물고기에게 적합하다. 플레코의 먹이로는 식물 유래 성분이 많이 포함된 것을 선택한다.	• 로열 플레코 • 세일핀 플레코 • 알지이터 • 서커벨리 로치 • 오토싱클루스
동결건조 새우 	크릴새우를 동결건조해 가공한 것으로, 값이 저렴해 대형 어종의 사료로 이용되는 경우가 많지만 소화가 잘 안된다는 단점이 있다. 따라서 구입한 지 얼마 안 돼 수조에 적응 중인 개체에는 적합하지 않다.	• 플라워혼 • 버터플라이 피콕 배스 • 로열 나이프피시 • 다트니오 • 아처피시
냉동 사료		
냉동 햄버거 	디스커스에 적합한 사료지만 다른 시클리드 종에게도 줄 수 있다. 생먹이와 배합해 냉동한 것이기 때문에 수질을 악화시키기 쉬운 편이다. 양과 횟수에 주의하며 급이한다.	• 디스커스
붉은장구벌레 	소형 육식 어류나 그 유어에게 적합한 먹이다. 살균 처리된 제품도 있어 질병이나 기생충이 수조로 들어오는 것을 어느 정도 예방할 수 있다. 하지만 영양 균형이 좋지 않아 다른 먹이와 함께 사용하는 것이 좋다.	• 실버 아로와나 • 레인보 스네이크헤드 • 베타 • 클라운 로치 • 범블비 젤리 캣피시

냉동 사료		
지네 	최근 안정적으로 유통되고 있으며 구하기도 쉽다. 가격이 높은 편이어서 아로와나 먹이용 외에는 잘 사용되지 않는다. 영양 균형이 좋지 않으므로 살아 있는 귀뚜라미나 금붕어 등과 조합해 급이하는 것이 좋다.	• 아시아 아로와나
생먹이		
붉은장구벌레 	냉동 제품에 비해 영양가가 높지만 질병이나 기생충을 옮길 위험성이 있다. 보관 시간이 오래될수록 영양가가 점점 떨어지며, 냉장실에서 2~3일 정도만 보관할 수 있다.	• 실버 아로와나 • 레인보 스네이크헤드 • 베타 • 클라운 로치 • 범블비 젤리 캣피시
실지렁이 	영양가와 기호성이 높아 유어나 마른 물고기에게 효과적으로 사용할 수 있는 먹이다. 기생충이 섞여 있는 경우도 있으니 주의를 기울여야 한다. 일반 가정에서는 실지렁이를 산 채로 보관하기 어렵기 때문에 2일가량 급이할 정도씩 구입하는 것이 좋다.	• 반딧불 테트라 • 디스커스(유어) • 스리스트라이프 구라미 • 네온 블루 라스보라 • 페퍼드 코리도라스
귀뚜라미 	대표적인 먹이용 곤충으로, 다양한 크기로 판매된다. 활발하게 움직이는 특성이 있어 기호성이 높고 영양가 또한 높다. 하지만 죽는 순간 기호성이 극단적으로 낮아지기 때문에 수면에 떠다니는 사체는 빨리 제거해 주는 것이 좋다.	• 아처피시 • 블랙 아로와나 • 아시아 아로와나
금붕어 	금붕어를 먹은 뒤 열대어가 질병에 걸리는 경우가 굉장히 많으므로 질병이나 기생충 위험이 있어 보이는 금붕어는 반드시 약욕 후에 급이해야 한다. 사육하는 어종의 크기에 따라 금붕어의 크기를 결정하면 되며, 납자루 등 다른 어종과 함께 급이해도 좋다.	• 제브라 캣피시 • 레드테일 캣피시 • 다트니오 • 스포티드 가아 • 반점 아프리카 폐어
송사리 	취급 방식은 금붕어와 동일하며, 보통 소형 육식 어종의 먹이로 적합하다. 송사리와 비슷한 종류인 아카히레는 체구가 작아 송사리를 먹기 어려운 물고기에게 적합하다.	• 로열 나이프피시(유어) • 파이어우드 캣피시(유어) • 버터플라이 피콕 배스(유어) • 오셀레이트 스네이크헤드 • 오르나티 비키르

구피나 플래티는 수조의 상층에서 헤엄치므로, 물 위에 뜨는 먹이를 주는 것이 바람직하다.

콩고 테트라나 에인절피시 등은 수조의 중층에서 헤엄치므로 먹이도 가라앉기 쉬운 것으로 고른다.

디스커스에게는 '디스커스 햄버거'라고 불리는 전용 먹이를 준다.

알지이터나 플레코 종류는 물어뜯는 습성이 있으므로 단단하고 커다란 먹이를 주는 것이 좋다.

스포티드 가아, 제브라 캣피시 등 대형 육식 어종에게는 반드시 살아 있는 먹이를 주어야 한다.

대표적인 육식 어종인 아로와나는 입맛이 까다로워 살아 있는 먹이가 아니면 먹지 않는다.

Stage 2

열대어 종류별 사육 및 번식 방법

환경을 정비해 번식에 도전하기

열대어가 헤엄치는 모습을 제대로 감상하기 위해서는 수질 관리와 건강 관리를 충실히 해야 한다. 물고기에게 알맞은 쾌적한 환경을 유지하고 있다면 번식에도 도전해 볼 수 있다.

물고기의 건강 관리

열대어를 건강하게 기르기 위해 지켜야 할 몇 가지 포인트를 알아보자.

● 환경을 함부로 바꾸지 않기

열대어는 작은 환경 변화에도 큰 스트레스를 받을 수 있다. 수온이나 수질뿐만 아니라 수조 주변도 가능하면 비슷한 상태로 유지하도록 하자.

● 규칙적으로 관리하기

물고기도 사람과 마찬가지로 불규칙한 생활을 하면 스트레스가 쌓이고 건강이 나빠진다. 그러므로 되도록 매일 같은 시간에 조명을 켜고, 먹이를 주고, 소등해서 물고기에게 부담을 주지 않도록 노력하자. 자동 급이기나 타이머 등을 사용하는 것도 도움이 된다.

● 수조 내부를 조화롭게 유지하기

수조 내 물고기의 밀도와 조합이 적절한지 항상 확인하고 예상치 못한 문제에 대비해야 한다. 물고기 수가 너무 많은 것은 스트레스의 원인이 될 뿐만 아니라 수질 악화를 촉진하고 질병 발생 및 전염의 위험을 키운다. 또한 이론상 함께 사육해도 괜찮은 물

누구나 한 번은 디스커스의 번식에 도전해 보고 싶어 한다. 몸 표면에서 분비되는 디스커스 밀크를 치어에게 먹이는 모습이 신비롭다.

고기들을 선택해 길러도 개체마다 성격이 다르기 때문에 예상을 벗어나는 경우가 생긴다. 따라서 매일 수조 내부를 관찰하고, 필요하다면 다른 수조를 준비해 물고기들이 안정될 때까지 따로 키우는 등 대책을 마련하는 것이 좋다.

● 양질의 먹이를 필요한 만큼만 주기

먹이의 양과 질은 물고기의 건강에 지대한 영향을 끼친다. 변질되거나 영양소가 불균형한 먹이를 계속 먹은 물고기는 질병에 걸리기 쉽다. 따라서 먹이를 올바른 장소에 적절한 형태로 보관해야 하며, 물고기가 힘이 없어 보이면 먹이 종류를 바꿔 보는 등 조치를 취해야 한다. 모든 물고기가 필요한 양만큼 먹이를 먹을 수 있도록 여러 종류의 먹이를 적절하게 배합하는 방법을 공부하는 것도 좋다.

● 물고기의 성격에 맞게 수조 꾸미기

물고기도 사람처럼 개성이 있으므로 각각의 성격에 알맞은 수조의 모습이 있다. 예를 들어 겁이 많은 물고기는 바위 틈새나 수초 등 숨을 수 있는 곳이 필요하고, 커다랗고 활발한 물고기들은 유목이나 돌멩이에 부딪혀 찰과상을 입을 수 있으므로 수조를 복잡하게 꾸미지 않는 것이 좋다. 물고기가 쾌적하게 지내는 것이 가장 중요하므로, 물고기의 크기와 성격에 맞는 안전하고 아름다운 환경을 꾸며 주자.

열대어를 번식시키는 방법

일상적인 관리와 물갈이, 먹이 주기 등에 본인만의 규칙이 자리 잡았다면 번식에도 도전해 보자. 자신이 꾸민 수조에서 새로운 생명이 탄생하는 것은 열대어 사육의 또 다른 즐거움이자 보람이다.

물고기의 종류에 따라 번식 행동 및 산란 방법이 다른데, 가장 먼저 해야 할 일은 번식시키고자 하는 물고기의 생태를 제대로 파악하는 것이다.

번식의 첫걸음은 좋은 짝을 지어 주는 것이다. 가능하면 여러 마리를 구입해 자연스럽게 짝을 맺기를 기다리는 것이 좋다. 그러나 서로 짝이 되어도 수컷과 암컷의 발정기가 어긋나면 수컷이 암컷을 주둥이로 쿡쿡 찌르거나 지느러미를 물어뜯는 일도 생기므로, 적절한 시기가 될 때까지 다른 수조에 옮겨 놓는 것도 방법이다.

다른 종과 합사하는 경우에는 치어나 알이 다른 물고기에게 먹힐 수도 있으므로 산란 케이스나 번식용 수조를 준비해야 한다.

난생어 중에는 산란판이 필요한 종류도 있으므로 미리 알아보고 준비하자.

✠ 번식시키기 쉬운 어종

종류	추천 어종
송사리	플래티, 소드테일, 구피
잉어	체리 바브, 제브라 다니오
아나바스	베타, 드워프 구라미
시클리드	에인절피시, 디스커스
기타	셀레베스 레인보피시, 스레드핀 레인보피시, 골든 하프빅

송사리

기르는 방법

송사리 종류는 번식 형태에 따라 난태생과 난생으로 나뉜다. 구피 같은 난태생 송사리 종류는 비교적 튼튼한 것이 많아 기본적인 기구를 갖추고 관리만 잘해 주면 초심자도 어렵지 않게 사육할 수 있다. 특히 구피는 구하기도 쉽고 아름다운 데다 번식도 간단해 초심자에게 인기가 많다. 그러나 아름다운 꼬리지느러미를 다른 물고기에게 물어뜯기는 경우가 많으므로 합사할 물고기를 선택할 때 주의해야 한다.

수질 또는 수온의 변화에 약하거나 원래 기수 지역에 서식하는 어종을 키울 때는 수질 관리에 특히 주의해야 한다.

구피나 플래티 같은 난태생 송사리 종류는 암컷과 수컷을 함께 기르기만 해도 계속 치어를 낳을 정도로 번식이 비교적 간단하다. 하지만 아름다운 개체를 얻기 위해서는 계획적인 번식을 시도해야 한다.

번식시키는 방법

초심자에게는 번식력이 강하기로 유명한 플래티를 추천한다. 난태생 송사리는 암컷의 배 속에서 알을 부화시켜 치어 상태로 출산하므로, 산란 케이스를 미리 준비해야 한다. 또한 치어가 비교적 크기 때문에 치어용 배합 사료를 준비하면 좋다. 단일 종만 키워도 부모가 치어를 잡아먹는 경우가 생기므로, 치어는 전용 보육 수조 안에서 기르는 것이 좋다.

구피의 경우, 무질서한 번식으로는 아름다운 개체를 얻기 어렵다. 따라서 부모의 아름다움이 치어에서도 이어지도록 하고 싶다면, 보육 수조의 치어가 암수 구별이 될 만큼 크는 순간 분리시켜야 한다. 이렇게 분리한 암컷과 수컷을 형태 및 색깔별로 자세히 분류한 뒤 마음에 드는 개체를 선택해 번식시키면 된다.

이때 같은 부모의 자손을 계속해서 교배하면 아름다운 개체가 줄어들거나 병든 치어가 늘어나므로 가끔씩 새로운 성어를 사서 보충해 주는 것이 좋다.

난태생 송사리의 수컷과 암컷 구분법

카라신

기르는 방법

소형 카라신은 무리 지어 유영하는 모습이 상당히 아름다우므로 가능하면 10마리 이상을 함께 사육하는 것이 좋다. 특별한 장치나 수조가 필요하지는 않지만 유어를 키운다면 물의 흐름을 너무 강하지 않게 유지해 주어야 한다. 카라신은 보통 높은 수온에 약하기 때문에 집안에서 가장 서늘하고 온도 변화가 적은 장소에 수조를 설치해야 한다. 수온은 28℃ 이하로 유지해 주되, 21~23℃에서는 백점병에 걸리기 쉬우므로 유의해야 한다. 피라냐 등 중대형 물고기는 성장하면서 몸집이 상당히 커지므로 성체의 크기에 알맞은 수조를 미리 마련해야 한다. 육식 어종은 살아 있는 먹이를 급이해 주어야 하는데, 이때 발생하는 음식 찌꺼기와 노폐물은 그때그때 처리하는 것이 좋으므로 여과기를 자주 청소하기 쉬운 위치에 설치한다. 그 외에는 다른 열대어와 비슷하게 관리하면 된다.

번식시키는 방법

카라신 종류를 번식시키기 위해서는 산란용 수조가 따로 필요하다. 작은 플라스틱 수조라도 된다. 산란용 수조에 수초나 잘 소독한 야자 열매 껍질을 넣어 두고 배가 통통한 암컷을 한 마리 이상의 수컷이 쫓아다니는 것이 확인되면 그 무리를 모두 산란용 수조에 옮겨 준다. 1~2일 정도 기다리면 수초에 산란하는 모습을 관찰할 수 있을 것이다. 산란이 끝나면 부모 물고기는 원래 있던 수조에 다시 넣어 준다. 종류에 따라 다소 차이가 있지만 대체로 산란 후 하루 정도 지나면 부화하기 시작한다. 부화 후 1일에서 10일 정도 지나면 활발하게 헤엄치는 치어를 관찰할 수 있다. 그러나 처음부터 밝은 빛에 지나치게 노출되면 공포를 느끼기 때문에 수조를 타월 등으로 덮어 주거나 벽면을 조금 어둡게 유지해 주는 것이 좋다. 치어가 헤엄치기 시작하면 먹이를 주기 시작한다. 처음에는 인푸조리아를, 조금 더 크면 브라인슈림프를, 더 많이 성장하면 치어용 배합 사료를 급이하는 것이 좋다.

인푸조리아 배양 방법

인푸조리아는 생먹이의 일종으로, 짚신벌레 등의 원생생물로 이루어졌다. 시중에 판매되는 제품이 적기 때문에 종자를 구매한 뒤 직접 배양해서 먹이로 주는 편이 좋다. 먼저 염소를 중화한 물을 넣은 플라스틱 통에 인푸조리아 종자를 넣고 분유 등 영양가 있는 가루를 조금 넣어 준 뒤 수초 잎을 띄워 놓는다. 3일에서 5일 후 수초 주위에 흰색 물질이 형성되는 것을 확인할 수 있다. 이 흰 물질에는 짚신벌레가 다량으로 서식하므로, 이를 스포이트를 이용해 치어에게 급이하면 된다.

시클리드

기르는 방법

시클리드 종류는 개성 있는 생김새의 물고기가 많아 열대어의 왕이라고도 불린다. 에인절피시 등 초보자가 기르기 쉬운 종부터 디스커스, 아피스토그라마 등 물생활 베테랑도 관리하기 어려운 종까지 다양하다. 소형에서 중형 크기의 시클리드가 유영하는 모습을 감상하고 싶다면 수초를 심은 일반 수조에서 사육해도 크게 상관없지만 번식을 염두에 두고 있다면, 수질에 예민한 종의 경우 폭이 90센티미터 이상인 큰 수조에서 기르는 것을 추천한다. 시클리드는 대부분 산란 후 부모가 알이나 치어를 돌보는 양육 활동을 하는 것으로 알려져 있어 더욱 인기가 많다.

번식시키는 방법

10마리 정도 구입해 자연스럽게 사이좋은 한 쌍을 이룰 때까지 기다린 뒤 번식 행동을 보이면 미리 마련해 둔 산란용 수조로 옮긴다. 대부분의 시클리드는 산란 후 알을 돌보지만, 종종 알과 치어를 먹어 버리기도 한다. 그런 일이 벌어져도 계속 산란용 수조에 넣어 두면 여러 번 알을 낳아 한동안 알을 보살피는 모습을 볼 수 있기 때문에 인내심을 가지고 조용히 지켜보는 것이 좋다. 산란 후 알이 부화하는 데까지는 며칠이 소요되지만, 어미가 알을 보살피는 모습을 지켜보기만 해도 즐거울 것이다. 부화 후 일주일 정도 지나면 치어가 헤엄치는 모습을 확인할 수 있다. 이렇게 헤엄치기 시작하면 브라인슈림프와 치어용 배합 사료를 조금씩 급이한다. 치어가 자유롭게 유영하기 시작하면 부모는 자연스럽게 치어에 대한 관심을 거둔다. 이렇게 되면 부모를 원래 있던 수조에 다시 넣어 준다.

브라인슈림프 준비하기

브라인슈림프는 해수에 사는 플랑크톤의 유생을 일컫는 말이다. 브라인슈림프의 알은 건조한 상태에서도 죽지 않기 때문에 유통이 편리해 손쉽게 구할 수 있다. 브라인슈림프의 알을 3퍼센트 농도의 식염수에 넣으면 보통 하룻밤 사이 부화하는데, 부화한 브라인슈림프를 스포이트를 이용해 치어에게 급이한다. 브라인슈림프는 빛을 향해 모여드는 특징이 있어 주변을 어둡게 하고 용기 가운데 밝은 빛을 쏘아 주면 스포이트로 쉽게 건져 낼 수 있다.

아나바스

기르는 방법

아나바스 종류는 지느러미에 래버린스 기관이라는 호흡 기관을 가지고 있는 것이 특징이다. 래버린스 기관은 공기 중의 산소를 흡수하기 때문에 산소가 결핍된 물에서도 견딜 수 있다. 따라서 정기적으로 물갈이만 해준다면 겨울에 보온 기구를 사용하는 것 외에는 별다른 기구 없이도 기를 수 있다.

아나바스 종류 중 가장 유명한 베타는 흔히 볼 수 있지만, 합사할 개체를 고를 때는 특히 주의해야 한다. '싸움꾼'이라는 별명을 가진 만큼 수컷 베타 여러 마리를 함께 기르면 큰 싸움을 일으키기 때문이다. 따라서 한 수조에 수컷은 반드시 한 마리만 길러야 한다. 궁합이 나쁜 암컷도 공격 대상이 될 수 있으므로, 번식을 시도할 때는 한 마리씩 붙여 본 다음 잘 맞는 쌍을 골라 짝을 지어 주는 것이 좋다.

번식시키는 방법

짝을 이루면 리키아 등의 수초를 많이 배치하고 수온을 25°C 전후로 맞춰 둔 번식용 수조로 옮긴다. 아나바스 종류의 생식 행동은 크게 두 가지 방식이 있다.

구라미나 베타는 수컷이 거품집을 만들어 암컷을 끌어들인 후, 그 속에서 산란하는 종류가 많다. 이를 버블 네스트 브리딩이라고 한다. 이때 물의 흐름이 세면 거품집이 부서져 버리므로, 스펀지 여과기 등 물 흐름이 약한 여과기를 사용하는 것이 좋다.

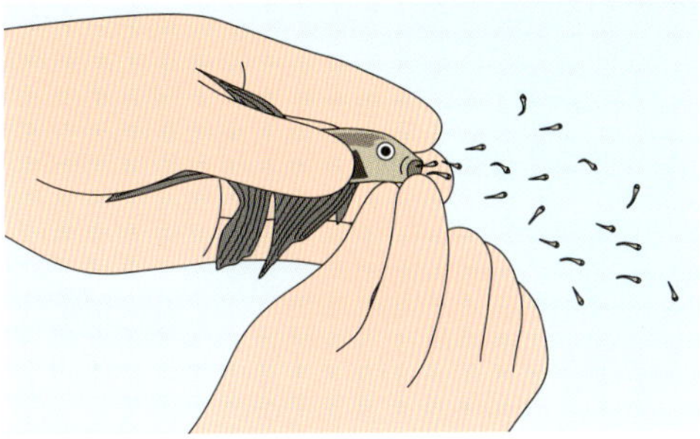

부모가 치어를 먹을 것 같으면, 입에서 토해 내도록 하자.

또 다른 방식은 마우스 브리딩이다. 이는 암컷이 낳은 수정란을 수컷이 입 속에 넣고 부화할 때까지 지키는 방식이다. 그런데 가끔 입에서 치어를 토해 낸 뒤 먹어 버리는 경우가 있으므로 알을 입 속에 넣은 지 1~2주일이 지나 부화 시기가 되면, 강제로 새끼를 토해 내게 한 다음 치어만 번식용 수조에서 기르는 것이 안전하다.

어떤 방식이든 간에, 알이 부화해 치어가 될 때까지 부모가 알아서 돌보므로 안심할 수 있다. 치어의 첫 먹이로는 인푸조리아가 좋고, 조금 성장하면 브라인슈림프를 주도록 한다.

잉어, 미꾸라지

기르는 방법

잉어나 미꾸라지 중에서도 백운산어는 금붕어보다 키우기 쉽다고 할 정도로 튼튼하며 번식도 간단해서 열대어 초심자가 입문하기에 좋은 대표적인 종류다.

할리퀸 라스보라 등 비교적 섬세하다는 물고기도 부분적으로 물갈이를 해주고 수질을 약산성으로 유지해 주는 등 기본적인 관리만 제대로 하면 사육이 어렵지 않다. 상대적으로 오래된 물을 좋아하므로 물갈이를 할 때는 새로운 수조에 다른 물고기를 먼저 넣어 준 뒤 물이 안정되었을 때쯤 옮겨 주면 스트레스를 줄일 수 있다.

지느러미가 긴 물고기를 공격하는 습성이 있는 수마트라 바브 등은 합사할 어종을 고를 때 특히 주의해야 한다. 놀라면 수조 유리에 충돌해 버리는 실버 샤크 등을 키울 때는 커다란 소리나 진동이 없는 곳에 수조를 배치하는 등 주변 환경 조성에도 주의를 기울여야 한다. 주로 바닥 부근에서 헤엄치는 물고기도 있으니, 알맞은 종류의 먹이를 주는 것을 잊지 말자.

번식시키는 방법

10마리 정도를 함께 기르면, 배가 부풀어 오른 암컷을 수컷이 따라다니는 모습이 관찰된다. 잉어 종류는 번식 행동을 하는 동안 체색이 변화하는데, 굉장히 아름다우므로 번식하게 되면 이 혼인색 관찰을 놓치지 말자.

수초를 많이 심어 둔 산란용 수조에 암수 한 쌍을 넣어 두면, 산란판 위에 알을 낳기 시작한다.

백운산어는 알이나 치어를 먹을 염려가 없으므로 부모 물고기를 빠르게 원래 수조로 옮기지 않아도 되지만, 그 밖의 종류는 산란이 끝나면 바로 알에서 떼어 놓는 것이 좋다. 보통 산란 후 1~2일이 지나면 부화해 금세 헤엄치기 시작한다. 치어에게 주는 첫 사료는 인푸조리아가 좋고, 조금 성장해 입이 커지면 브라인슈림프를 준다.

백운산어는 얌전하고 번식력도 강하므로 수초를 많이 심은 커다란 수조에 넣어 주면 자연히 산란하며, 부화한 치어는 수조 안의 미소한 생물을 먹고 성장한다.

메기

기르는 방법

메기에는 초보자가 기르기 쉬운 튼튼한 종에서부터 전문가도 쉽게 손댈 수 없는 예민한 종까지 수천 가지가 넘는 다양한 종이 있다.

코리도라스는 다른 물고기를 공격하는 일이 드물고 거의 수조 바닥에서 생활하기 때문에 대형 육식 어종을 제외한 종과의 합사에 적합해 여러 물고기를 함께 기르는 수조에 안성맞춤이다.

수조의 이끼 청소를 위해 소형 플레코를 기르는 사람이 많지만 그 생태나 모습, 색깔이 굉장히 독특해 이들을 중점적으로 기르는 마니아층도 있다. 대형 플레코는 초식성이고 엄청난 대식가여서 수초를 먹어 치우기 때문에, 수조를 꾸밀 때 주로 돌멩이나 유목을 사용하는 것이 좋다. 또한 플레코는 몸이 뼈로 감싸여 있어 살이 빠지는 것을 알아차리기 어려우므로 배를 잘 관찰해서 마르지 않았는지 확인해야 한다.

메기 전용 수조를 꾸밀 때는 수염이 다치지 않도록 고운 모래를 깔고 잎이 넓은 수초를 작은 화분에 심어 바닥에 놓아 두는 것이 좋다. 대형 메기는 힘이 센 탓에 모처럼 꾸민 수조를 어지럽히거나 수조를 깨뜨려 버리는 경우도 있으니, 수조나 기구를 튼튼한 것으로 선택한다.

번식시키는 방법

다른 물고기와 달리 코리도라스는 산란 방식이 독특해 눈여겨볼 필요가 있다. 별도의 산란용 수조를 준비해 산란판 역할을 하는 잎이 넓은 수초를 미리 심어 둔다. 암컷이 알을 배고 수컷이 암컷의 꽁무니를 쫓아다니는 모습이 확인되면 이들을 준비해 둔 산란 수조로 옮긴다.

수조에 적응되면 암컷은 수컷의 정자를 자신의 입으로 받아 내어 수초에 붙인 다음, 그 위에 알을 낳는다. 암컷은 이와 같은 산란 행위를 되풀이하면서 여러 번에 걸쳐 알을 낳는다. 산란을 끝낸 부모 물고기는 원래 수조로 옮기고, 원래 수조에서 산란한 경우에는 알이 붙은 수초를 여분의 수조로 옮긴다. 산란 후 3일 정도 지나면 부화가 시작되며, 치어가 헤엄치기 시작하면 치어용 배합 사료를 준다.

고대어

기르는 방법

살아 있는 화석이라 불리는 고대어 중에서 가장 대중적인 종은 아로와나일 것이다. 아로와나에 매료되어 물생활을 시작한 사람이 많은데, 아로와나를 기르는 데는 상당한 각오가 필요하다. 치어일 동안에는 60센티미터 수조에서도 키울 수 있지만 성체가 되면 1미터까지 성장하므로 180센티미터 이상의 커다란 수조가 필요하기 때문이다. 게다가 몸이 커다란 만큼 여과기의 흡수구나 출구, 히터나 자동 수온 조절계가 파괴될 위험이 크기 때문에, 적절한 보호 장비를 사용하는 것이 좋다.

아로와나나 가아 종류를 포함한 고대어들은 먹이 찌꺼기나 배설물 청소를 세심하게 해주어야 한다. 따라서 아로와나를 키우려면 설비 투자 및 관리에 남다른 각오와 노력이 필요하지만, 아로와나가 아름답게 유영하는 모습을 감상하는 데에서 그 이상의 만족감을 얻을 수 있을 것이다.

고대어 종류는 보통 육식성이므로 합사할 물고기를 선택할 때는 신중해야 한다. 그러나 고대어끼리는 함께 기를 수 있는 경우도 많다.

일반적으로 치어나 유어로 판매되기 때문에 구입하기는 어렵지 않지만 마르지 않았는지 잘 확인한 뒤 선택해야 한다. 육식 어종은 한번 야위면 원래 상태를 회복하는 데 상당한 시간이 걸리는 경우가 많으므로 먹이를 충분히 주고, 수질 관리를 게을리하지 않는 것이 중요하다.

번식시키는 방법

아로와나 종류는 마우스 브리딩을 한다. 짝을 지어 산란 행동에 들어가기만 하면 번식 자체는 어렵지 않지만, 용량이 2천~3천 리터 정도 되는 커다란 수조를 준비해야 한다. 고대어는 비교적 오래 살기 때문에 성장하는 데도 상당한 시간이 걸려 대부분의 종류가 다섯 살 이전까지는 성적으로 성숙하지 않는다.

물론, 번식이 굉장히 어려운 고대어 종류도 있다. 예를 들어 수온 및 수질 변화를 계기로 번식 행동에 들어가는 종류는 전문가 수준의 기술이 필요하다. 그러나 폴립테루스 종류는 300리터 정도 수조에서도 번식할 수 있으므로, 고대어 번식의 등용문 같은 종이라 할 수 있다. 고대어에는 여러 가지 종류가 있으므로, 우선 그 종류에 대한 지식을 충분히 쌓아 두는 것이 번식에 성공하는 지름길이다.

기타 물고기

기르는 방법

기타 물고기 중에서도 인기가 높은 레인보피시 종류는 파푸아뉴기니 등 오세아니아 지역 섬에 서식하므로 기수어라고 생각하기 쉽지만 대부분 담수어다. 그러므로 구입할 때 반드시 원래 서식지를 확인하고 그에 맞게 수질 관리를 해야 한다.

담수어는 동종 간 싸움을 제외하면 비교적 얌전한 종류이므로, 온화한 물고기를 골라서 함께 기르면 좋다.

레인보피시는 아름다운 생김새로도 유명한데, 네온 드워프 레인보피시나 스레드핀 레인보피시 같은 종들이 헤엄치는 모습을 보고 있으면 시간이 가는 줄도 모르는 경우가 많다.

수초나 수조 바닥에 웅크리고 있으면 구별이 안 될 정도로 나뭇잎과 똑같이 위장할 수 있는 아마존 리프피시처럼 개성 있는 물고기도 있으므로 어떤 종류에 도전할지 고민하는 것도 색다른 재미가 있다.

번식시키는 방법

이들 기타 물고기는 번식 방법 자체가 특이하기보다는 적절한 염분 농도를 맞춰 주는 것이 성공적인 번식의 중요한 포인트다. 담수어라도 번식시킬 때는 염분 농도를 높여 주어야 하는 경우가 있으므로, 각각의 어종에 맞는 수질 관리를 하도록 신경 써야 한다.

레인보피시 종류는 색깔이나 체형의 차이로 암수를 구분할 수 있는 것이 많아 초보자가 번식에 도전하기 쉬운 편이다. 몸이 굉장히 작아 치어에게는 인푸조리아를 주게 되는데, 인푸조리아 생먹이를 제대로 키워 내는 것이 레인보피시 번식의 큰 고비가 되기도 한다.

수조의 물을 물고기가 번식할 때 선호하는 염분 농도로 조절한 다음 짝을 지은 물고기를 넣으면, 수초에 숨어 몇 번에 걸쳐 산란을 한다. 모든 종류가 알이나 치어를 잡아먹는 것은 아니지만, 만일에 대비해 산란이 끝나면 부모 물고기를 원래 수조로 옮겨 놓는 것이 안전하다.

Stage 3 대표적인 열대어 질병과 치료법

질병의 종류와 적절한 대처 방법 숙지하기

물고기는 생활하는 환경이나 방식이 독특하기 때문에 질병이 발생해도 알아차리기 어려울 수 있다. 따라서 평소에 건강한 상태를 눈여겨봐 두어야 작은 문제가 발생했을 때도 금방 눈치챌 수 있다. 또한 쉽게 발생할 수 있는 질병의 증상을 미리 알아 두면 보다 원활한 진단과 치료가 가능하다.

이상 증상을 발견하는 즉시 조치 취하기

아침에 조명을 켤 때나 먹이를 줄 때 건강한 모습을 자주 관찰하면 평소와 다른 모습이나 이상한 행동을 바로 알아차릴 수 있다. 초보자는 이런 모습이 질병에 의한 이상 증상인지, 아니면 이 물고기에서 자주 볼 수 있는 모습인지 가늠하기 어려워 조금 더 지켜보려 할 수도 있다. 하지만 만약 세균 감염으로 인한 증상이라면 시간이 조금만 지체되어도 물고기의 건강이 급격하게 악화되고, 수조 전체가 오염되어 돌이킬 수 없는 상황이 벌어질 수 있기 때문에 즉각적인 처치를 하는 것이 좋다. 따라서 뭔가 이상한 점이 생기면 바로 검색해 보거나 관상어 전문점에 문의해서 그 원인을 알아보고 그에 알맞은 대처를 해야 한다.

질병에 걸리기 쉬운 환경

사육 초기에는 누구나 수질과 수온에 특히 신경 쓰고, 물고기가 건강하게 헤엄치고 있는지 매일 확인하는 등 정성을 기울이기 마련이다. 그러나 익숙해지면 그런 마음가짐이 조금 해이해진다. 이때 질병이 발생할 수 있는 환경이 조성되는 경우가 많다. 평소에 관리를 잘하더라도 잠깐의 부주의로 병원균이 수조 내부로 유입될 수 있다. 특히 주의해야 할 사항들을 알아 두고 관련 징후가 나타나면 물고기를 더 세심하게 관찰해 질병을 조기에 발견할 수 있도록 해야 한다.

① 새로운 물고기나 수초를 넣을 때

새로 구입한 물고기나 수초가 병원균이나 기생충에 감염되었을 수도 있으므로 새로운 생물을 물에 넣은 뒤 1~2주 정도는 주의 깊게 관찰한다. 특히 야외에서 채집해 온 생물은 반드시 약욕을 한 뒤 수조에 넣도록 한다.

② 살아 있는 먹이를 줄 때

먹이용 생물을 통해 병원균이나 기생충이 유입될 수도 있다. 이끼 청소용 새우나 민물 달팽이 종류도 주의해서 넣어 주어야 한다.

③ 수온이 크게 변화할 때

히터 고장, 물갈이 등으로 수온이 급격하게 변할 수 있다. 수온이 크게 변화하면 세균이나 기생충이 더 쉽게 번식하고 활동할 수 있다. 또한 물고기의 면역력에 문제가 생겨 병원균에 쉽게 감염되기도 한다.

④ 수질이 악화되었을 때

수조의 수질이 병원균이나 기생충이 서식하기 좋을 정도로 악화되면 물고기가 질병에 걸릴 확률이 높아진다. 또 물갈이나 수조 청소를 소홀히 하면 곰팡이 종류가 서식할 수도 있으니 수질 관리에 항상 주의를 기울여야 한다.

⑤ 물고기에게 상처가 생겼을 때

다른 물고기에게 공격당하거나 이동 중 그물망에 걸리는 경우 몸 표면에서 보호막으로 작용하는 점액층이 벗겨져 세균과 곰팡이 등에 감염되기 쉬운 상태가 된다.

물고기에게 사용할 수 있는 응급 의약품

일반적으로 물고기에게 처치할 수 있는 약품의 형태는 크게 두 가지로, 먹는 약과 약욕용 약품이 있다. 각각 몇 가지 종류의 제품이 판매되고 있는데 상품별로 처치 방법과 효능이 다르며, 종류에 따라서는 수의사에게 처방을 받아야 하는 약품도 있다. 그렇기 때문에 물고기의 구체적인 증상에 맞는 약을 구입하거나 처방받아 주의 사항을 잘 확인한 다음에 사용하는 것이 바람직하다.

백점병이나 외상 치료에 사용할 수 있는 제품

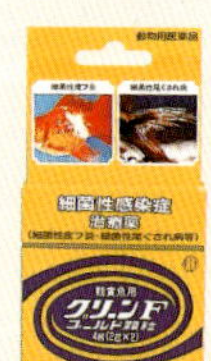

세균성 감염 치료에 사용할 수 있는 제품

⑥ 물고기의 면역력이 떨어질 때

수조에 세균이 많이 존재한다고 해서 무조건 질병에 걸리는 것은 아니다. 즉, 물고기의 면역력이 좋다면 질병에 걸릴 확률이 낮다. 하지만 면역력이 떨어지거나 갑작스럽게 과도한 스트레스를 받으면 그만큼 질병에 걸릴 확률이 높아진다.

질병에 걸리기 쉬운 환경	위험 신호
❶ 새로운 물고기나 수초를 넣을 때	❶ 수조 내부에 이물질이 생기는 경우
❷ 살아 있는 먹이를 줄 때	❷ 물고기의 몸 표면에 염증이나 출혈이 있는 경우
❸ 수온이 크게 변화할 때	❸ 지느러미나 입이 짓물러 있는 경우
❹ 수질이 악화되었을 때	❹ 호흡이 어려워 보이는 경우
❺ 물고기에게 상처가 생겼을 때	❺ 눈이 뿌옇게 흐려지는 경우
❻ 물고기의 면역력이 떨어질 때	❻ 체형이 급격하게 변화하는 경우

질병 치료 과정

지금까지는 열대어가 아프면 주인이 직접 질병을 치료하는 경우가 많았으나 최근에는 열대어 진료가 가능한 동물병원도 있으므로 검색하거나 전화로 문의해 보자. 그러나 상황이 여의치 않을 때는 스스로 어느 정도 질병 상황에 대처할 수 있어야 하므로 간단한 질병 관리 방법과 주의 사항을 알아 두자.

아픈 열대어를 치료하는 네 가지 방법

각각의 치료법과 주의 사항에 대해 알아보자.

① 약욕법
약품을 섞은 물에 물고기를 넣고 자유롭게 유영하도록 한다.

② 약물의 경구 투여
먹이에 약을 섞어서 준다.

③ 약품 도포
외상이 있을 경우 자주 사용하는 방법으로, 환부에 직접 약물을 발라 준다.

④ 기생충 직접 제거
물고기 몸에 달라붙어 있는 기생충을 핀셋 등으로 제거할 수 있다. 이때 물고기에게 상처를 입히지 않도록 주의해야 한다.

여러 물고기가 함께 이상 증상을 보이기 시작하면 수조 전체를 소독하는 것이 좋다. 또한 물고기 치료가 다 되었다고 해도 안심하지 말고 질병이 발생한 원인을 분명하게 파악해서 신속하게 개선하는 것이 중요하다. 이렇게 하지 않으면 나중에 똑같은 질병이 반복될 수 있기 때문이다.

수조 소독 5단계

1. 물고기를 약욕 수조에 옮겨 놓는다.
2. 수조의 모든 장식품을 들어내고 바닥재와 여과재를 비롯한 모든 기구를 깨끗하게 세척한다.
3. 세척한 수조에 다시 물을 넣고 병원균을 박멸할 수 있는 약을 넣는다.
4. 여과기를 작동해 4~5일 정도 물을 순환시키면서 물갈이를 2번 정도 해준다.
5. 15~20일 동안 위의 작업을 반복하면 수조 소독이 완료된다.

치료에 필요한 기구

물고기가 병에 걸리지 않는 환경을 조성하는 것이 가장 좋으나, 만약을 대비해 물고기 치료에 필요한 최소한의 기구는 갖추고 있는 것이 좋다. 일단 병에 걸렸다면 더 진행되는 것을 막고 빠르게 치료하는 것이 최선책이다.

물고기의 약욕 방법

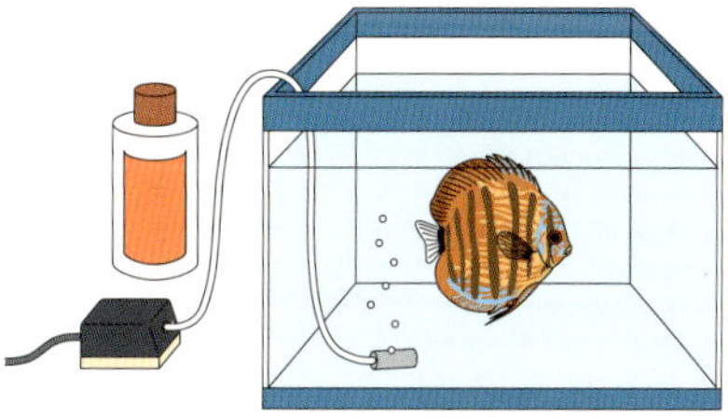

① 약욕 수조 전용 히터와 펌프를 마련해야 하며, 수질 조정제도 적절하게 사용하면 좋다.

② 약욕을 할 때는 약의 농도가 중요하다. 수조 크기에 알맞은 용량을 계산해 넣어 준다.

③ 물고기가 놀라지 않을 정도의 수온이 안정적으로 유지되면 물고기를 약욕 수조로 옮긴다. 장기간 약욕이 필요한 상황이라면 중간에 물갈이를 해주어야 한다.

④ 물고기의 건강 상태가 회복되고 있는지 매일 확인해야 한다. 이미 면역력이나 기력이 상당히 저하되었거나 수질에 아주 민감한 개체들은 약욕만으로도 쇼크 증상을 일으킬 수 있다. 이런 경우에는 일단 치료를 중단하고 원래 수조에 넣어 주는 것이 좋다.

⑤ 물고기를 약욕시키는 동안 원래 수조의 물도 교체해 주는 것이 좋다.

⑥ 물고기의 상태가 개선되면 수질 조정제를 넣어 둔 원래 수조에 물고기를 다시 넣는다. 이때는 수질 조정제를 평소보다 더 많이 넣는 것이 좋다.

물고기에게 내복약 먹이기

① 아픈 물고기를 격리시킨다. 질병에 걸린 물고기와 건강한 물고기를 함께 관리하면 건강한 물고기가 필요 없는 약을 섭취할 수도 있다.

② 하루분 약을 접시에 넣고 먹이와 함께 섞어 준다. 액상 약은 먹이에 뿌려 주고, 아닌 약은 잘 갈아서 먹이와 섞은 후 물을 조금 넣어 먹기 좋은 크기로 만들어 준다.

③ 식욕이 있다면 평소 건강한 물고기에게 먹이를 주는 방식대로 주면 되지만 식욕이 없어 먹이를 거부하는 경우에는 큰 스포이트로 먹이를 빨아들인 다음 물고기의 코끝에 떨어뜨려 준다. 건강 상태가 개선될 때까지 약과 먹이를 함께 먹인다.

외용제 도포 방법

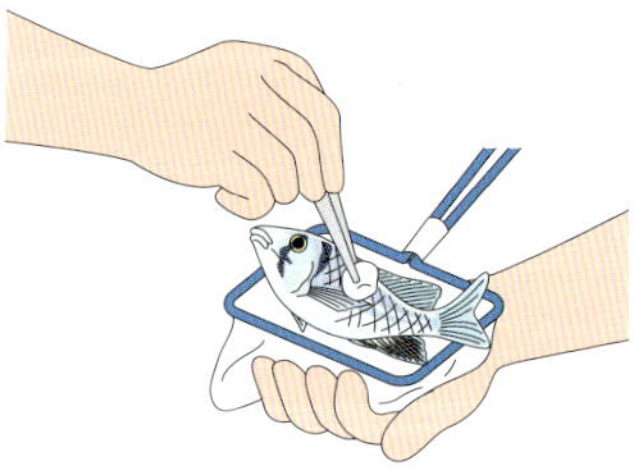

① 얕은 쟁반과 부드러운 그물망을 준비해 쟁반에 물을 넘치지 않게 담고 거즈를 도톰하게 깐 다음 외용제를 도포해야 하는 물고기를 수조에서 조심스럽게 꺼낸다. 만약 물고기가 얌전해서 그물망에서도 가만히 있다면 그 상태로 도포해도 상관없다.

② 약물을 도포하는 동안 물고기가 펄쩍 튀어 나가지 않도록 물에 적신 거즈 등으로 살짝 눌러 준다. 젖은 거즈나 얇은 수건 등으로 눈을 가리면 스트레스를 줄여 줄 수 있다.

③ 치료가 끝나자마자 수질 조정제를 미리 넣어 둔 수조에 다시 넣어 준다.

대표적인 열대어 질병과 그 특징

간단한 질병 관리 방법을 알았다면 이제 자주 발생하는 열대어 질병과 각각에 맞는 대응 방법을 알아보자.

백점병

- **증상**: 작은 기생충이 몸 표면이나 지느러미에 달라붙어 하얀색 작은 반점이 생긴다. 심한 경우 몸 전체에 흰 반점이 퍼지기도 한다.
- **대응 방법**: 백점병 치료제를 구입해 기생충이 전부 떨어질 때까지 물을 갈아 주며 약욕시킨다.
- **주의 사항 및 예방법**: 기생충은 봄가을에 수온이 낮아질 때 특히 생기기 쉽다. 따라서 수온 관리에 신경 쓰면 예방할 수 있다.

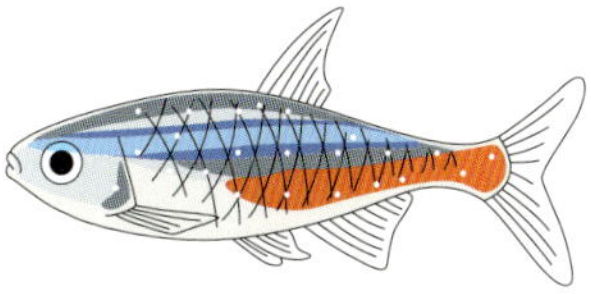

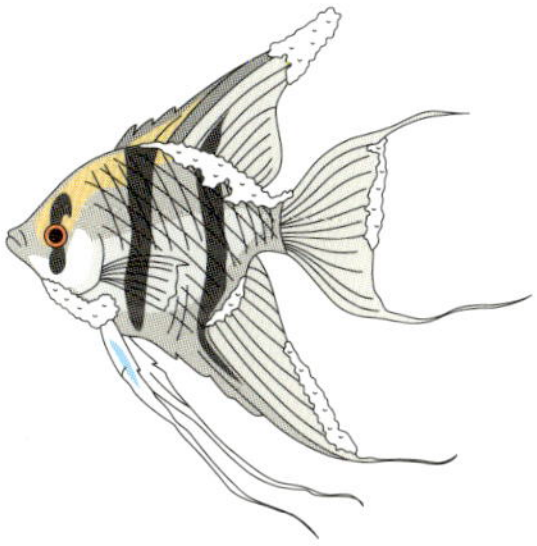

물곰팡병

- **증상**: 질병 등으로 면역력이 떨어져 있을 때 상처에 수생 곰팡이가 기생해 하얀 솜 모양의 병변이 생긴다.
- **대응 방법**: 증상이 온몸으로 확대되었다면 곰팡이가 떨어질 때까지 물을 갈아 가면서 계속 약욕을 해주어야 한다.
- **주의 사항 및 예방법**: 다른 물고기가 전염될 수 있으므로 다른 수조로 옮기거나 예방을 위한 약품을 수조에 넣어 준다.

물벼룩 감염

- **증상**: 비늘 사이사이에서 밝은 황갈색 보풀이 나풀거리는 것처럼 보인다. 동물성 플랑크톤을 먹고 사는 물벼룩의 일종이 피부에 달라붙어 있는 것으로, 바로 제거해 주면 큰 질병으로 이어지지 않는다.
- **대응 방법**: 핀셋으로 물벼룩을 제거한 다음 상처에 연고를 발라 준다.
- **주의 사항 및 예방법**: 물벼룩은 한번 발생하면 수조 내에 작은 유생을 퍼뜨리므로 재발을 막기 위해 수조 전체를 소독한다.

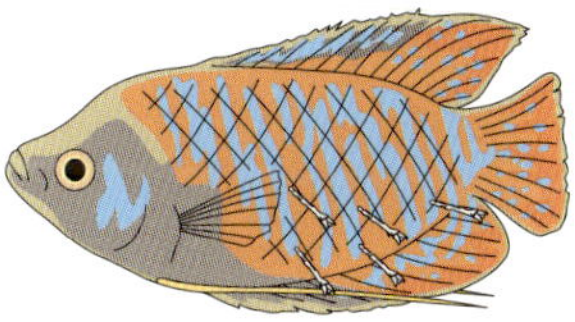

홍점병

- **증상**: 세균으로 인해 몸 표면 혹은 지느러미에 염증이나 출혈이 생겨서 붉은 반점이 나타나는데, 천천히 진행되다가 물고기가 폐사한다.
- **대응 방법**: 식욕이 있을 경우에는 적절한 경구 항생제를 투여하고, 식욕이 없다면 약욕을 해주는 것이 좋다.
- **주의 사항 및 예방법**: 수질이 악화된 수조에서 자주 발병하므로 사육 환경을 자주 점검하면 예방할 수 있다.

솔방울병

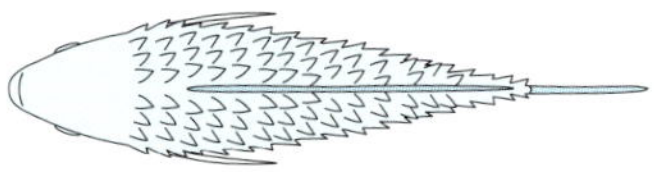

- **증상**: 세균 감염으로 인해 몸 전체의 비늘이 서고 부풀어 올라 솔방울 모양이 되고 복부도 팽창된다. 치료에 시간이 걸리는 편이고, 병원균을 완전히 제거하는 것이 어려울 수도 있다.
- **대응 방법**: 항생제를 경구 투여하고 약욕도 병행한다.
- **주의 사항 및 예방법**: 일단 발병하면 치료해도 증상이 개선되지 않고 그대로 폐사하는 경우도 있으므로 평소에 수질을 잘 관리해 예방해야 한다.

꼬리녹음병, 지느러미썩음병

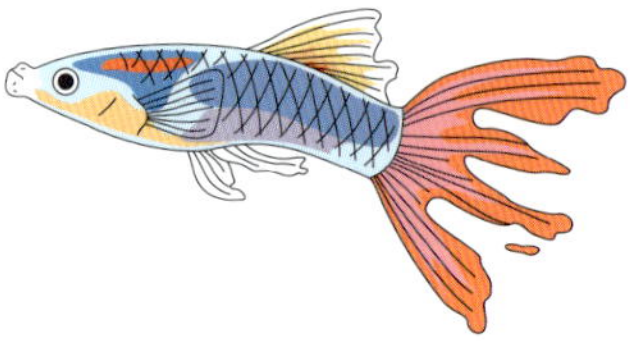

- **증상**: 지느러미 끝이 하얗게 되면서 점점 녹는다. 꼬리에 발병하는 경우가 많으며, 심해지면 꼬리가 모두 사라지는 경우도 있다. 입 주변에 생기면 먹이를 먹을 수 없게 되어 급격하게 쇠약해진다.
- **대응 방법**: 적절한 항생제로 약욕을 해주는 것이 좋다.
- **주의 사항 및 예방법**: 별도의 수조에 격리하고 면역력을 회복할 때까지 휴식을 취하게 해주는 것이 좋다.

천공병(구멍병)

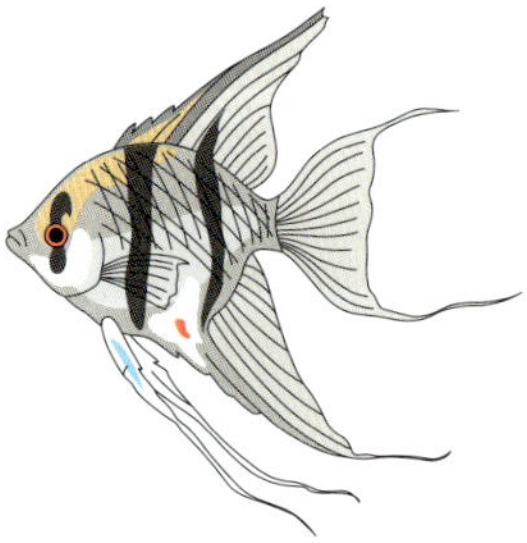

- **증상**: 초기에는 비늘이 군데군데 하얗게 되다가 심해지면 상처가 피부로까지 번져서 녹은 것처럼 구멍이 뚫리는 증상이 나타난다. 한번 발병하면 재발할 가능성이 높다.
- **대응 방법**: 수온을 29℃ 정도로 올려 주고 적절한 내복약을 경구 투여한다.
- **주의 사항 및 예방법**: 수온을 올릴 때는 12시간 이상에 걸쳐 천천히 진행한다.

팝아이(pop eye)

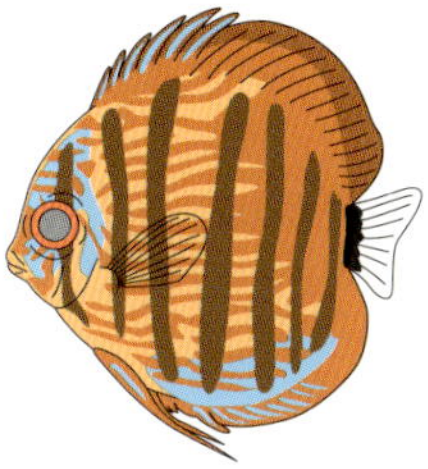

- **증상**: 눈이 돌출되어 부풀어 오르고, 심하면 하얗게 탁해지기도 한다.
- **대응 방법**: 특정 세균 감염으로 인해 나타나는 경우도 있으나, 정확한 원인체와 치료법은 알려져 있지 않다.
- **주의 사항 및 예방법**: 움직임이 느려져 다른 물고기에게 공격받기 쉬우므로 치료용 수조에 격리하는 것이 좋다.

아가미 흡충증

- **증상**: 아가미에 기생충이 달라붙어 아가미가 괴사하고 부종이 생긴다. 아가미 덮개가 닫히지 않을 만큼 심해지기도 한다. 산소 부족으로 수면 위로 올라와 뻐끔거리는 모습을 보이고 유영할 때도 휘청거리는 듯한 모습을 관찰할 수 있다.
- **대응 방법**: 구충제로 약욕시킨다.
- **주의 사항 및 예방법**: 조기에 치료하면 완치될 가능성이 높지만, 이미 많이 진행된 경우에는 쉽게 치료되지 않는다. 야생에서 채집한 물이나 수초를 함부로 수조에 넣지 않도록 한다.

마름병

- **증상**: 앙상한 모습으로 변한다.
- **대응 방법**: 특별한 치료법은 없고 균형 잡힌 먹이와 비타민제를 꾸준히 제공하면서 쾌적한 수질을 유지해 준다.
- **주의 사항 및 예방법**: 성장기에 산소와 영양분이 부족한 경우 생길 수 있다. 영양이 불균형한 먹이를 장기간 주면 발병하기 쉬우므로 평소에 주는 먹이를 확인해 본다.

복부 팽창

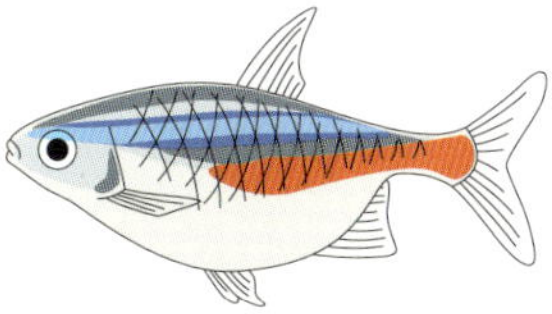

- **증상**: 먹이를 주지 않았는데도 배가 둥글게 부풀어 오른 상태가 오랫동안 지속된다.
- **대응 방법**: 원인체는 밝혀지지 않았고 치료법도 명확하지 않다.
- **주의 사항 및 예방법**: 한번 복수가 차기 시작하면 원래대로 되돌리기 어렵다. 너무 심하면 주사기로 복수를 빼내는 방법도 있으나 금방 다시 차기 때문에 임시방편일 뿐이다.

체형 이상

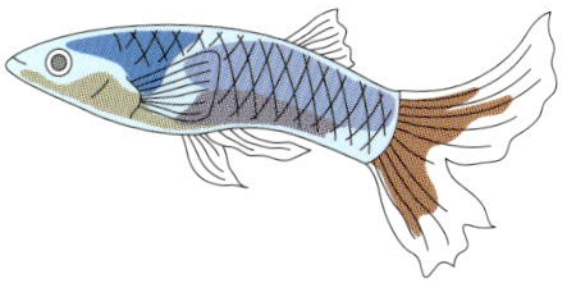

- **증상**: 척추가 휘거나 체형이 다른 물고기와 확연하게 다르다.
- **대응 방법**: 특별한 치료 방법이 없다.
- **주의 사항 및 예방법**: 선천적으로 체형이 이상한 경우도 있지만, 치어기에 영양 부족이나 대사 이상 등으로 골격이나 근육이 손상된 경우에도 나타날 수 있다. 치어일 때 수온과 수질을 적절하게 유지하고 알맞은 먹이를 공급해야 건강한 성체로 성장할 수 있다.

Stage 4

수초 기르는 법

초보자도 할 수 있는 수초 재배

까다롭기는 하지만 필요한 기구를 잘 갖추어 놓고 기본 지식을 잘 익히면 초보자도 성공적으로 수초를 키울 수 있다. 아름다운 수초가 가득한 수조를 꾸미고 싶다면 수초 재배의 기본 상식부터 알아보자.

수초의 특성 파악하기

수초라고 해서 모두 처음부터 물속에서 서식하는 것은 아니며, 육상 식물이 수중 생활에 적응해 나가는 경우도 있다. 그래서 수초 중에는 육상과 물속 모두에서 자라는 종류도 많다. 하지만 육상에서 키울 때와 물속에서 키울 때의 모양은 상당히 다르다. 보통 육상에서 기르던 수초를 물속에 넣으면 모든 잎이 시들어서 떨어지고 수중용 잎이 다시 나온다. 매장마다 취급하는 수초의 특성이 다르고, 육상에서 키우던 수초를 취급하는 곳도 있으므로 주의해야 한다.

수초가 시드는 주된 이유

1. **빛 부족**: 필요한 만큼 빛을 쬘 수 없는 경우
2. **이산화탄소 부족**: 필요한 만큼 이산화탄소가 없는 경우
3. **비료 과다 혹은 부족**: 비료를 너무 많이 주어 영양이 과한 상태이거나 필요한 양분이 부족한 경우
4. **수온 이상**: 수온이 적정 온도보다 심하게 높거나 낮은 경우
5. **수초 질병 발생**: 세균이나 곰팡이 등에 감염된 경우

이산화탄소와 빛 공급

육상 식물과 마찬가지로 수초도 이산화탄소를 흡수하고 빛을 이용해 광합성을 한다. 그런데 수중에서는 이산화탄소가 물 밖으로 방출되기 쉬우므로 일반적으로 수조 내부에는 이산화탄소가 부족하다. 수초 중에 약한 빛과 낮은 이산화탄소 농도에서도 살 수 있는 종류가 있기는 하지만, 보통은 이산화탄소를 공급해 주는 것을 추천한다. 다양한 종류의 이산화탄소 공급 도구가 시중에 판매되고 있으니 그 가격과 수초의 양 등을 고려해서 선택하면 된다. 수초를 위한 비료는 보통 물에 녹여 사용하는 액상 비료와 바닥재에 묻어 주는 고형 비료로 나뉜다. 액상 비료는 정기적으로 필요한 만큼의 양을 조금씩 넣어 주면 된다. 고형 비료는 뿌리가 양분을 잘 흡수할 수 있도록 수초 주변에 묻어 주는 것이 효과적이다.

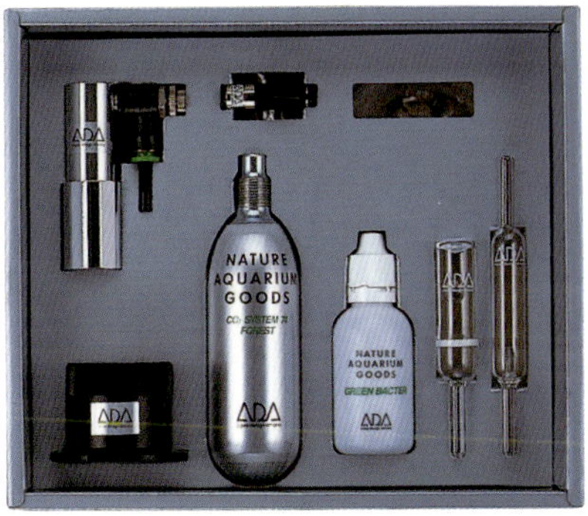

이산화탄소 공급 도구

환경 변화에 민감한 수초

수초가 며칠 만에 시들어 버린다면 수조 환경이 적절한지 다시 점검할 필요가 있다. 이때 확인할 점은 다음과 같다.

① 조명이 적절하게 잘 작동하는가?
② 이산화탄소 농도가 적절한가?
③ 비료가 과하거나 부족하지 않은가?
④ 수온이 적절한가?
⑤ 질병에 걸렸는가?

크립토코리네는 초보자도 키우기 쉬운 대중적인 수초다.

레이스 모양의 잎이 아름다운 마다가스카르 레이스 플랜트. 아름다운 만큼 잎이 섬세하고 예민하다.

구매한 지 얼마 안 된 수초가 시들어 버린 경우라면, 열대어를 새로운 수조에 넣을 때처럼 수초가 수조의 수질에 적응할 수 있도록 충분한 시간을 주자. 이렇게 환경을 마련했는데도 수초 상태가 개선되지 않는다면, 질병에 걸렸을 가능성도 있다. 질병에 걸린 수초는 잎이 투명하게 녹아내려 필름처럼 보이는 경우가 많다. 이렇게 되면 회복을 기대하기 어려우므로 다른 수초에 전염되기 전에 최대한 빨리 수조에서 제거하는 편이 좋다. 또한 그 수초와 인접해 있는 다른 수초도 그 부분의 잎이나 줄기를 조금 넉넉하게 잘라 내어 제거해 준다. 이처럼 질병이 의심되는 수초를 제거해 나가면 감염된 개체가 점차 줄어들 것이다.

Stage 5

수초 다듬기

수초를 다듬어 수중 정원 꾸미기

아름다운 상태를 유지하려면 꾸준한 손질이 필요하다. 수조 속 수초도 너무 많이 자라면 지저분해지기 때문이다. 수조를 항상 깔끔하게 유지하기 위해서는 많은 노력을 기울여야 한다.

아름다운 수초는 수조를 감상하는 즐거움을 더해 준다.

다듬어 줄수록 아름답게 성장하는 수초

수초가 건강하게 잘 자란다는 것은 수조 환경이 좋다는 의미다. 그러나 너무 무성하게 자라면 보기에도 좋지 않고, 수조의 바닥 부분에 빛이 전달되지 않아 낮은 곳에 서식하는 키 작은 전경 수초들이 죽어 버릴 수도 있다. 이런 상황을 예방하기 위해서는 불필요한 잎을 잘라 손질해 줘야 한다.

수초는 보통 경엽형 수초와 로제트형 수초로 구분할 수 있는데, 종류마다 다듬는 방법이 조금씩 다르다. 경엽형 수초는 성장 도중에 절단하면 비스듬하게 자라기 때문에, 볼륨감을 살리고 싶을 때를 제외하고는 하나씩 뽑아 관리해 주는 것이 좋다. 그에 비해 로제트형 수초는 간단하게 바깥쪽 잎을 잘라 내면 된다. 또한 로제트형 수초는 성장함에 따라 중심에서 옆으로 이어지는 줄기가 또 다른 뿌리를 낸다. 그냥 내버려 두면 그 자리에 뿌리를 내려 버리므로 분리해서 따로 심어 주는 것이 좋다.

수초 관리를 소홀히 하면 바닥에서 떠서 자라는 등 수초 모양이 엉망이 된다. 자주 관리해 주면서 아름다운 수중 정원을 만들어 보자.

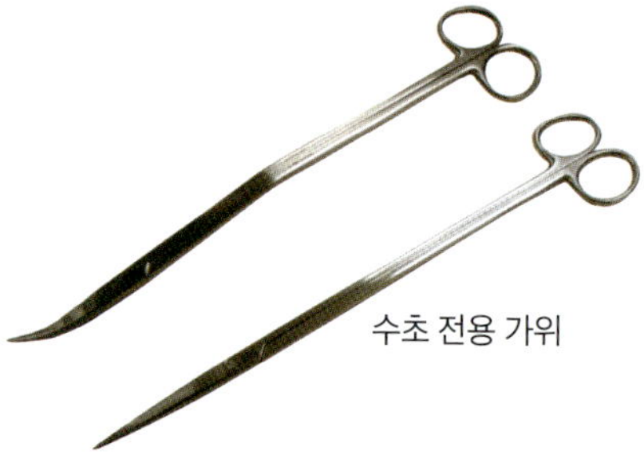

수초 전용 가위

스테인리스 쟁반

수초 전용 핀셋

✜ 경엽형 수초 다듬는 방법

① 하나씩 줄기를 잡고 뽑는다.

② 뽑은 수초를 쟁반에 나란히 늘어놓는다.

③ 수초를 원하는 길이로 자른다. 마디의 바로 아랫부분을 절단하면 된다.

④ 하나씩 집어 핀셋으로 심는다. 여러 줄기를 함께 심어 풍성하게 만드는 것도 좋은 방법이다.